Frank Donner | Hagen Lehmann

Einfach mehr Geld

Die geheimen Strategien der besten Vermögensverwalter Deutschlands

FRANK DONNER | HAGEN LEHMANN

EINFACH MEHR GELD

Die geheimen Strategien der besten Vermögensverwalter Deutschlands

FBV

Bibliografische Information der Deutschen Nationalbibliothek:
Die Deutsche Nationalbibliothek verzeichnet diese Publikation in der Deutschen Nationalbibliografie. Detaillierte bibliografische Daten sind im Internet über http://dnb.d-nb.de abrufbar.

Für Fragen und Anregungen:
info@finanzbuchverlag.de

Originalausgabe, 1. Auflage 2019

Nymphenburger Straße 86
D-80636 München
Tel.: 089 651285-0
Fax: 089 652096

Projektverantwortung: Lars Priebe
Projektmanagement, Redaktion: Matthias von Arnim
Korrektorat: Hella Neukötter
Umschlaggestaltung: Marc-Torben Fischer
Satz: Röser Media, Karlsruhe
Druck:GGP Media GmbH, Pößneck
Printed in Germany

ISBN Print 978-3-95972-281-0
ISBN E-Book (PDF) 978-3-96092-519-4
ISBN E-Book (EPUB, Mobi) 978-3-96092-532-3

INHALT

VORWORT

Krise ist ein Wort, das in den vergangenen Jahren geradezu inflationär gebraucht wurde. Die Krise der Europäischen Union, der transatlantischen Freundschaft, der Demokratie, des Euro, und dann ist da natürlich noch die Finanzkrise. Fakt ist: Noch nie ging es uns so gut wie heute. Vielleicht liegt das sogar im tieferen Sinn des Begriffes: Das griechische Wort κρίση (krisi) ist nicht Ausdruck für eine hoffnungslose Situation, sondern bezeichnet den Höhe- oder Wendepunkt einer gefährlichen Lage. Von da an kann es nur noch besser werden. Insofern stecken in dem Wort auch immer die Hoffnung und die Chance. Eine Finanzkrise muss also kein Anlass zur Verzweiflung sein. Im Gegenteil.

Das ist übrigens keine These oder Vermutung, sondern historische Erfahrung. Ganz gleich, welchen Finanzcrash man in der langen Geschichte des Börsenhandels betrachtet – ob es die Tulpenkrise 1637 ist, der große Börsencrash 1929, die Asienkrise 1997, das Platzen der Dotcom-Blase 2001 oder zuletzt die Finanzkrise 2008: Ausnahmslos jedes Mal erholte sich die Wirtschaft, weltweit stieg der Wohlstand, und die Börsenkurse setzten zu neuen Höhenflügen an. Deshalb wage ich eine Prognose: Die nächste Börsenkrise wird kommen. Und danach geht es wieder bergauf.

Die Frage ist, wie man als Anleger mit dieser Erkenntnis umgeht. Sieht man sich an, wie wir in Deutschland mit der Angst vor der nächsten Krise umgehen, lauten die Antworten: Immobilien kaufen, Geld aufs Sparbuch legen und keine Börsenrisiken eingehen. Immobilien sind natürlich keine schlechte Idee. Betongold genießt in Deutschland immer noch das höchste Vertrauen. Das ist grundsätzlich kein Fehler. Das Sparbuch, der Deutschen liebste Anlageform, wenn es um liquides Vermögen geht, ist allerdings problematisch. Denn wenn die Inflationsrate höher ist als das Zinsniveau, dann verlieren Anleger bei dieser Anlage Geld. Insofern führt ausgerechnet die Risikoaversion vieler Anleger dazu, dass sie in eine Form von Sicherheit flüchten, die sie eigentlich nicht wollen: Sie verlieren mit Sicherheit Kaufkraft. Unter dem Strich betreiben zu viele Deutsche Vermögensvernichtung, anstatt Vermögen aufzubauen und zu mehren.

Gleichzeitig trauen sich zu wenige Deutsche an das Thema Aktien heran. Dabei ist dies eine der langfristig renditestärksten Anlageklassen. Wer regelmäßig Geld in Aktien investiert, schafft sich auf Dauer ein finanzielles Kapitalpolster. Natürlich sollte man nicht blind einzelne Aktientitel kaufen. Die Mischung macht's. Fonds sind beispielsweise ein geeignetes Instrument, um schon mit wenig Kapital die Investition breit streuen zu können. Und wenn es darum geht, aus dem riesigen Universum von Tausenden Fonds das passende Produkt herauszufiltern, dazu noch die anderen Anlageklassen im Blick zu haben und womöglich beim Immobilienkauf Fehler zu vermeiden, dann sollte man sich Hilfe und Unterstützung holen. Von professionellen Beratern, von Immobilienprofis und von Vermögensverwaltern – am besten von unabhängigen Spezialisten.

Die Frage ist natürlich, wie findet man den Profi, dem man vertraut und der die eigenen finanziellen Ziele und Wünsche erkennt und sie entsprechend in die passende Anlagestrategie umsetzt? Das haben sich auch die beiden Autoren dieses Buches gefragt. Immobilienspezialisten sind sie selbst. Doch Vermögensverwaltung, Börsengeschäfte, Anlagestrategien – das ist etwas anderes. Deshalb haben sie sich auf den Weg gemacht. Sie sind quer durch den deutschsprachigen Raum gereist und haben Vermögensverwalter besucht und sie zu ihren Strategien befragt. Heraus kam dabei eine hochinteressante Sammlung von Interviews, aus denen vor allem deutlich wird, dass es oft weniger auf die konkrete Strategie ankommt als vor allem auf den Menschen dahinter. Beim Lesen wird schnell deutlich: Dieses Buch ist nicht einfach ein Sachbuch zum Thema Vermögensanlage, sondern vor allem ein spannender Reisebericht, in dem Menschen zu Wort kommen, die im wahrsten Sinne des Wortes aus tiefer Überzeugung handeln. Und auf die man sich nicht nur dann verlassen kann, wenn an der Börse die Sonne scheint, sondern auch dann, wenn das Wort Krise mal wieder die Runde macht.

Professor Dr. Hartwig Webersinke
Professor an der Hochschule Aschaffenburg mit den Forschungs- und Lehrgebieten Finanzdienstleistungen, Asset Management, Kapitalmarkt- und Portfoliotheorie
Dekan der Fakultät Wirtschaft und Recht an der Hochschule Aschaffenburg
Mitglied in der Deutschen Statistischen Gesellschaft
Mitglied in der Kommission festverzinsliche Wertpapiere der DVFA
Mitglied in Anlageausschüssen und Beiräten von Spezial- und Publikumsfonds verschiedener Industrieunternehmen, von Sach- und Lebensversicherungen sowie einer Reihe von Pensionskassen

Ein Kapitalist ist jemand, der hauptsächlich
in seiner Freizeit Geld verdient.
Aneurin Bevan

WARUM SIE DIESES BUCH LESEN SOLLTEN

Mut

Ronald Gerald Wayne wurde am 17. Mai 1934 in Cleveland, Ohio geboren. Er studierte Anfang der Fünfzigerjahre Industriedesign, konstruierte Spielautomaten, meldete Dutzende von Patenten an und hatte eine glänzende Karriere vor sich, nicht nur als Ingenieur. Er entwickelte neben seiner beruflichen Laufbahn eine viel beachtete Theorie darüber, warum manche Währungen ihre Kaufkraft über Jahrzehnte hinweg behalten, während andere Währungen fortlaufend erodieren. Er kannte sich mit dem Thema Geld aus. Berühmt wurde er jedoch nicht durch sein Buch, sondern dadurch, dass er Mitte der Siebzigerjahre zusammen mit zwei anderen Ingenieuren eine kleine Firma gründete. Die Ingenieure hießen Steve Jobs und Steve Wozniak, die Firma nannten sie Apple. Wayne erhielt 10 Prozent der jungen Firma. Er zeichnete das erste Apple-Logo und schrieb das Benutzerhandbuch für den ersten Apple-Computer. Aus seiner Feder stammt auch der erste Gesellschaftervertrag der Apple-Gründer. Doch Wayne hatte ein schlechtes Gefühl mit der Firma. Als Jobs und Wozniak einen Kredit in Höhe von 15.000 Dollar aufnehmen wollten, um die ersten Apple-Computer bauen zu können, stieg Wayne aus. Er fürchtete die Haftung für den Kredit. Im Gegensatz zu den beiden anderen, viel jüngeren Geschäftspartnern hatte er etwas zu verlieren. Also verkaufte er nur zwölf Tage nach der Firmengründung seine Anteile an Jobs und Wozniak. Für 800 Dollar.

Anfang des Jahres 2019 war Waynes ehemaliger Firmenanteil mehr als 70 Milliarden US-Dollar wert.

Wayne wird bis heute immer wieder auf seine Entscheidung von damals angesprochen. Seine Antwort hat er öffentlich mehrmals so oder ähnlich von sich gegeben: „Wäre ich gern reich? Jeder wäre gern reich, aber ich konnte das Tempo nicht mitgehen. Ich wäre reich, aber ich wäre der reichste Mann auf dem Friedhof." Ron Wayne lebt heute in einem kleinen abgelegenen Ort in der Wüste Nevadas und hat seine Ruhe. Weitestgehend. Wenn ihn gerade niemand auf den frühzeitigen Verkauf seiner Apple-Anteile anspricht.

Wahr ist: Als Unternehmer oder Investor sollte man schon ein wenig Mut mitbringen. Denn wer sein Geld nicht unters Kopfkissen legt oder aufs Sparbuch scheffelt, sondern so investiert, dass dessen Kaufkraft schneller steigt, als die Inflation davon vernichtet, geht zwangsläufig Risiken ein. Wer nicht gut damit schlafen kann, dass Wertpapierkurse im Wert schwanken, ist vielleicht nicht gerade der geborene Aktionär. Schlafmangel ist der Gesundheit ja nicht besonders förderlich. Und wer grundsätzlich Risiken scheut und auch keine Verantwortung übernehmen möchte, sollte vielleicht auch keine Firma gründen. Ronald Gerald Wayne ist ein prominentes Beispiel dafür. Immerhin: Er scheint glücklich mit seinen Entscheidungen und seinem Leben zu sein.

Wahr ist aber auch: Man wird nicht durch Arbeit reich. Diese Erkenntnis ist schon lange kein Geheimnis mehr. Entscheidend ist der Schluss, den man aus dieser Erkenntnis zieht. Und da scheiden sich die Geister. Je nach politischer Gesinnung kommen Menschen zu sehr unterschiedlichen Ansichten darüber, wie sie mit der Tatsache umgehen sollen, dass man sein Geld für sich arbeiten lassen soll. Überzeugte Kommunisten schimpfen an dieser Stelle gerne über „das böse Kapital", das redlich arbeitende Menschen ausbeutet. Eingefleischte Kapitalisten mokieren sich über „linke Spinner", die nicht erkennen wollen, dass gewinnorientiertes Handeln auch Verantwortung beinhaltet. Und Risiken, die allein die Unternehmer und nicht ihre Angestellten tragen.

Wir wollen uns in diesen politischen Disput nicht einmischen. Wir sehen die Sache eher nüchtern. Und wir raten Ihnen, die Sie dieses Buch gerade in Händen halten, weder dazu, eine Firma zu gründen, noch fordern wir Sie auf, nur noch Ihr Geld arbeiten zu lassen. Wir raten Ihnen aber auch nicht, Kapitalanlagen grundsätzlich zu verdammen.

Arbeiten Sie weiter. Arbeit wird schließlich nicht nur mit Geld bezahlt, sondern auch mit Anerkennung, sozialem Umfeld, Freundschaften, Erfahrung, Wissen. Manche finden sogar ihren Partner oder ihre Partnerin fürs Leben im Job. Und nicht zu vergessen: Arbeit kann auch Spaß machen, wenn man sich einen Job ausgesucht hat, der nicht nur Beruf, sondern auch Berufung ist.

Zeit

Gleichzeitig sollten Sie aber auch Ihr Geld arbeiten lassen. Es wäre sogar fahrlässig, das nicht zu tun. Denn Geld, das für Sie arbeitet, hat einen großen Vorteil gegenüber Ihrer beruflichen Tätigkeit: Es gibt Sie nur ein Mal, Sie haben nur 24 Stunden täglich, 365 Tage im Jahr, und manchmal brauchen Sie auch Urlaub. Ihre Zeit ist begrenzt, auch Ihre Lebenszeit. In dieser – im wahrsten Sinne des Wortes – einmaligen Zeit schlafen und essen Sie, manchmal sind Sie krank. Und jede Minute, die Sie jemandem als Ihre Arbeitszeit anbieten, können Sie nur ein einziges Mal verkaufen. Das Zeitkonto, das Sie einem Auftraggeber oder einem Arbeitgeber zum Kauf anbieten können, schrumpft jede Minute. Irgendwann ist dieses Zeitkonto aufgebraucht. Und dann können Sie nur noch Geld für sich arbeiten lassen. Warum also nicht gleich parallel damit anfangen? Das macht Ihren Lebensabend später im wahrsten Sinne des Wortes reicher – und im Idealfall bleibt sogar sofort etwas übrig, was Ihnen den einen oder anderen Luxus ermöglicht, ohne dafür einen Kredit aufnehmen zu müssen.

Sinn

Doch was bedeutet es tatsächlich, „Geld für sich arbeiten zu lassen"? Geld an sich arbeitet ja nicht. Es vermehrt sich auch nicht von selbst. Wenn Sie eine Kapitallebensversicherung abschließen, sperrt die Versicherung Ihr Geld ja nicht in einen Tresor, wo sich die Scheinchen dann paaren. Das Geld muss raus, dorthin, wo es „arbeiten" kann. Es vermehrt sich nur dann, wenn es in Immobilien, Anleihen oder andere Zinsanlagen, Unternehmensanteile, Sachwerte oder Spekulationsobjekte investiert ist. Es sind diese Anlagen, die Zinsen abwerfen und/oder deren Wert steigt, nicht das Geld selbst. Und warum steigt der Wert dieser Anlagen? Weil Menschen sie durch ihre Arbeit oder – im Fall von Mieterträgen – durch ihre Zahlungen wertvoller machen. Würde jeder nur sein Geld für sich arbeiten lassen und nicht selbst arbeiten, gäbe es solche Wertsteigerungen gar nicht. Unsere Wirtschaft und unsere Sozialsysteme würden nicht funktionieren. Es braucht also tatsächlich sogar Kapital, das investiert wird, und Arbeitskraft, die daraus einen Mehrwert schafft.

Professionalität

An dieser Stelle kommt unser Buch ins Spiel. Wir zeigen Ihnen, wie Sie Ihr Geld für sich arbeiten lassen können. Wohlgemerkt: Ihr Geld, nicht Sie. Sie selbst sollten sich lieber dabei zurücklehnen. Verkürzen Sie nicht noch zusätzlich Ihre wenige Zeit, die Sie haben, dadurch, dass Sie sich mit den Feinheiten und Fallstricken der Kapitalmärkte auseinandersetzen und am Ende sogar noch Geld verlieren. Ja, auch das ist möglich. Machen Sie sich keine Illusionen. Andere, die sich professionell und täglich beruflich mit dem Thema Kapitalanlage befassen, sind Ihnen doch immer mindestens eine Nasenlänge voraus. Im Wettstreit um die besten Investitionen ziehen Sie als ungeübter Amateur fast immer den Kürzeren. Viel cleverer ist es, sich einen Profi an die Seite zu holen, der für Sie in den Ring steigt. Diesen allerdings sollten Sie sich gewissenhaft aussuchen. Dabei kann Ihnen dieses Buch helfen.

Das Buch

Zunächst befassen wir uns in Teil 1 mit dem Immobilienmarkt. Dort sind wir Profis. Wir kennen das Business und die Tricks, und wir wissen, welche Fehler man machen kann. An unseren Erfahrungen lassen wir Sie teilhaben. Wir geben Ihnen einen Einblick darin, wie Sie erfolgreich in Betongold investieren und Ihr Kapital dort vermehren können.

In Teil 2 zeigen wir Ihnen, wie Vermögensverwalter arbeiten, wie ihr Business funktioniert und worauf Sie als Anleger und Kunde achten sollten. In Teil 3, dem größten Teil dieses Buches, konzentrieren wir uns auf die verschiedenen Strategien der Geldanlage.

Beim Thema Kapitalmärkte und Wertpapiere verweisen wir auf unsere Kollegen in der Vermögensverwaltung. Wir haben uns in der Republik umgesehen und Manager und Strategien gefunden, die wir Ihnen in diesem Buch vorstellen möchten. Wir betonen dabei „Manager und Strategien", wobei das *Und* wichtig ist. Und wenn wir ehrlich sind, müsste es eigentlich „Philosophie" statt Strategie heißen. Denn bei unserer Recherche ist uns sehr bewusst geworden, dass erfolgreiche Geldanlagestrategien in der Regel nicht für sich allein stehen, sondern vor allem durch die Menschen leben, die sie erfunden haben und anwenden. Die Chemie muss stimmen: zwischen Kunde, Vermögensverwalter und der Strategie. Diese Strategie ist normalerweise individuell. Sie entsteht im Gespräch zwischen Vermögensverwalter und Kunde. Die verschiedenen Strategien der Vermögensverwalter sind im Normalfall nur die theoretischen Leitplanken dafür, was dann in der Praxis auf der Straße umgesetzt wird. Der wesentliche Treibstoff für die Fahrt durch den Börsendschungel ist das Vertrauen der Anleger in die Fähigkeiten der Profis. Deshalb stellen wir Ihnen nicht leblose Formeln und Zahlenwerk vor, sondern die Vermögensverwalter, die die Strategien erfunden haben und täglich anwenden. Wir wollen sie Ihnen so vorstellen, wie Sie sie selbst kennen lernen würden, wenn Sie Ihnen einmal begegnen sollten: im Gespräch. Deshalb haben wir für dieses Buch die Interviewform gewählt. So lernen Sie zum einen von einigen der Besten ihres Fachs, wie Kapitalanlage funktioniert. Zum anderen stellen wir Ihnen auch gleich die dazu passenden Köpfe vor, die Sie für sich arbeiten lassen können, wenn Sie es möchten – auch von ihrer persönlichen Seite. Wir stellen sie Ihnen so vor, wie wir sie erlebt haben: Es sind Menschen, für die das, was sie tun, tatsächlich nicht nur ein Beruf ist, sondern Berufung. So wie wir für unsere Arbeit mit Immobilien brennen, so erfüllt diese Menschen die Leidenschaft für die Wertpapieranlage.

„Geld“ für sich arbeiten zu lassen, bedeutet genau genommen: andere, denen Sie vertrauen, damit zu beauftragen, Ihr Geld zu vermehren. Ohne zusätzliche Arbeit für Sie selbst. Ohne schlaflose Nächte. Und trotzdem erfolgreich. Unser Tipp: Verkaufen Sie Ihre Apple-Anteile nicht zu früh, denn allein durch Arbeit werden Sie nicht reich.

TEIL 1: VERMÖGENSAUFBAU MIT IMMOBILIEN

Wenn du etwas mit Leichtigkeit angehst, ist das kein Leichtsinn.
Im Gegenteil: Es fällt dir viel leichter, es zu erreichen.
FRANK DONNER

Der Finanzjournalist Matthias von Arnim im Gespräch mit den beiden Buchautoren Frank Donner und Hagen Lehmann, Immoscoring GmbH

MEHR GELD MIT DER ERSTEN IMMOBILIENVERMÖGENSVERWALTUNG DEUTSCHLANDS

Wir, Hagen Lehmann und Frank Donner, haben uns lange überlegt, wie wir uns selbst und unsere Arbeit hier präsentieren. Es ist schließlich ein Interview-Buch. Wir stellen die Personen und ihre Strategien der Geldanlage im persönlichen Gespräch vor. Das wollten wir auch mit uns, unseren Ideen und unserer Philosophie tun. Doch wie interviewt man sich selbst? Ist das guter Stil? Wer steuert welche Aspekte bei? Wer stellt die Fragen? Macht man das überhaupt? Wir kamen zu dem Schluss: Nein, man interviewt sich nicht selbst. Man lässt das einen Profi machen. So kamen wir auf die Idee, uns selbst interviewen zu lassen. Unsere Wahl fiel sehr schnell auf Matthias von Arnim, einem renommierten Wirtschaftsjournalisten aus dem Rheinland, der in der Vergangenheit leitender Redakteur bei namenhaften Finanzverlagen war und heute als freier Journalist arbeitet. Durch seine Tätigkeit als Moderator auf den großen nationalen Finanzmessen und Tagungen von Vermögensverwaltern passte er nicht nur fachlich, sondern vor allem auch menschlich hervorragend zu diesem sehr persönlichen Teil des Buches. So freuten wir uns sehr, ein ohnehin längst ausstehendes Treffen mit diesem Interview verbinden zu können.

Wir luden Matthias von Arnim nach Leipzig ein. Es entwickelte sich ein spannendes Gespräch, in dem wir nicht nur unsere Sicht der Dinge erzählten, sondern bei der Gelegenheit auch gleich wieder etwas über uns selbst erfuhren. Zum Beispiel, dass unsere Rollenaufteilung im Gespräch auch etwas über unsere Zusammenarbeit verrät. Wir ergänzen uns. Schon als wir uns vor etlichen Jahren kennen lernten, haben wir schnell gemerkt, dass wir als Menschen zwar sehr unterschiedlich sind, doch als Team sind wir unschlagbar.

Unsere Gedanken und Vorgehensweisen passen zueinander. Und das Thema Immobilieninvestment bedeutet für uns beide mehr als Steine und Geld. Wir teilen die Leidenschaft, den wahren Wert von Immobilien zu erkennen. Wir ärgern uns, wenn etwas nicht perfekt ist. Und wir können uns unendlich freuen, wenn ein Projekt gelingt. Aus dieser Gemeinsamkeit haben wir eine Geschäftspartnerschaft gemacht – und nun dieses Buch.

Das Interview

Als wir uns zu unserem Interviewtermin mit Matthias von Arnim in unserem Büro zusammensetzen, ist es Sommer. Durch die Glastür blicken wir ins Großraumbüro und verlieren uns bei dem regen Treiben unserer Mitarbeiter in Gedanken an die bevorstehenden Monate. Wir haben uns auf die kommende Zeit sehr gefreut, wohl wissend, dass Sie Unvorhergesehenes mit sich bringen wird. Wer allerdings im Immobiliengeschäft ist und Verantwortung für Menschen und Projekte trägt, lernt schnell, dass das Unvorhergesehene zum Alltäglichen gehört. Nicht selten merkt man das schon beim ersten Immobilienkauf. Heute geben wir ausnahmsweise die Kontrolle ab und lassen uns von den Fragen von Matthias von Arnim inspirieren. Es ist nicht alltäglich für uns, das Zepter aus der Hand zu geben, doch an diesem Tag lassen wir uns darauf ein. Es soll ein ehrliches Buch über die Menschen werden, die mit Geldanlage zu tun haben. Wir machen mit uns den Anfang. Das ist nur konsequent. Und so startet unser Projekt mit einer interessanten Erfahrung und einer lehrreichen Reise zu uns selbst.

Matthias von Arnim: Herr Lehmann, Herr Donner, Sie verbinden mittlerweile 20 Jahre Freundschaft und eine gemeinsame Leidenschaft – die Immobilie. Heute betreuen Sie Immobilieninvestitionen im Wert von über 1 Milliarde Euro. Kann man sich bei dieser hohen Summe und dieser Vielzahl an Objekten noch an die Anfänge erinnern? Zum Beispiel an Ihre erste Wohnung, die Sie gekauft haben?

Hagen: Die erste Wohnung ist immer etwas Besonderes und bleibt im Gedächtnis. Was allerdings genauso im Gedächtnis bleibt, sind die Fehler, die man am Anfang macht. Ich war damals junger Bankangestellter und auf meinem klar definierten Karriereweg, in die Führungsetage der Deutschen Bank aufzusteigen. Während viele meiner Kollegen und Bekannten ihr Geld in klassische Spar- und Rentenverträge steckten, entschied ich mich dafür, eine Wohnung zu ersteigern.

Matthias von Arnim: Ihre erste Wohnung war direkt aus einer Zwangsversteigerung? Ist diese Art des Ankaufs nicht oft den Profis vorbehalten?

Hagen: Das kann sein. Ich hatte mich mit dem Thema aber eingehend beschäftigt, fühlte mich bereit und wollte durch einen guten

Einkaufspreis der Wohnung sofort meinen Gewinn optimieren. Ich war überzeugt, dass sie ein gutes Investment ist. War sie aber nicht. Ich habe hier schnell gelernt, dass Theorie und Praxis sehr weit auseinander liegen. Eine falsche Raumflächenberechnung, unvollständige Unterlagen und falsche Renditeversprechen des Verkäufers machten die eigentlich günstige Wohnung im Endeffekt sehr teuer. Allerdings sind solche Erfahrungen unbezahlbar, denn solche Fehler macht man nur einmal.

Matthias von Arnim: Herr Donner, Sie waren viele Jahre sehr erfolgreich bei einer der größten deutschen Versicherungsgesellschaften tätig. Wie kamen Sie auf die Immobilie oder die Immobilie auf Sie?

Frank: Wer ein gutes Einkommen hat und auch perspektivisch denkt, der wird sich früher oder später mit Immobilien beschäftigen. Bei mir war dies eher früher der Fall. Meine erste Immobilie – ein Neubau – habe ich gekauft, als ich gerade volljährig war. Mein Ziel war das nachhaltige Sichern meiner Ersparnisse. Und natürlich trieb mich auch der Wunsch eines jeden Deutschen an – Steuern zu sparen. Ich mache es kurz: Die Wohnung war viel zu teuer, die Vermietung hat nicht funktioniert, der Bauträger ging in die Insolvenz. Aber so ist das nun einmal, wenn man mit viel Enthusiasmus und ohne Erfahrung in den Markt stürzt.

Matthias von Arnim: Da tun sich offensichtlich Parallelen in Ihrer beider Lebensläufe auf.

Frank: Ich habe damals allerdings noch einen weiteren Fehler obendrauf gesetzt: Zu allem Überfluss hatte ich auch noch Freunde überredet, Wohnungen im selben Haus zu kaufen. Es ging eigentlich alles schief, was schiefgehen konnte. Das Abenteuer hat mich nicht nur viel Geld gekostet. Darüber sind auch einige Freundschaften zerbrochen. Das war furchtbar. So etwas wollte ich nicht noch einmal erleben.

Matthias von Arnim: Umso erstaunlicher ist es, dass Sie nach diesen Erfahrungen dem Betongold nicht den Rücken gekehrt haben. Nahmen Sie diese Erfahrungen als Ansporn – „Jetzt erst recht"?

Hagen: Erst im vergangenen Jahr gab es eine interessante Statistik von Wirtschaftshistorikern der Universität Bonn, die die Rendite aller Anlageklassen für die vergangenen 145 Jahre verglichen hat. Mich überrascht nicht, dass die Immobilie hier als Sieger vor Aktien und Anleihen hervorgeht. Wohnraum ist kostbar und die bebaubaren Flächen endlich. Ich habe obendrein auch einen realen Gegenwert für mein Investment, wofür mir die Bank auch noch gern zusätzliches Kapital gibt, um meine Rendite zu erhöhen. Ich habe nie verstanden, wieso man *nicht* in Immobilien investieren sollte. So nahm ich alle Erfahrungen der ersten Rückschläge dankend an und machte es fortwährend besser.

Matthias von Arnim: Immobilien sind gerade heute ein omnipräsentes Thema. Im Jahr 2018 wurden 55,4 Milliarden Euro in Deutschland in Immobilien investiert. Sehen Sie hier weiterhin noch ein Wachstum, oder bewegen wir uns in Richtung einer Sättigung?

Frank: Von Sättigung kann keine Rede sein. Die Nachfrage ist ungebrochen hoch. Das Transaktionsvolumen bei Immobilien wäre im vergangenen Jahr deutlich höher gewesen, wenn auch das Angebot da gewesen wäre. Es wird zu wenig gebaut. Gleichzeitig gibt es in Deutschland noch erhebliches Investitionspotenzial. Aktuell liegen 2,3 Billionen Euro auf Sparbüchern, Festgeldkonten, niedrig verzinsten Schuldverschreibungen oder ohne Verzinsung auf Girokonten. Das ist mehr als ein Drittel des Geldvermögens in Deutschland, das täglich durch Inflation oder Minuszinsen an Wert verliert. Die Immobilie ist hier als eine wichtige Stütze unumgänglich. Die Anleger werden förmlich in den Immobilienmarkt getrieben.

Hagen: Wir kommen ja nicht darum herum, während unseres Lebens Vermögen aufzubauen. Auf die staatliche Rente dürfen wir uns nicht verlassen. Also muss man als Anleger darauf achten, sein Geld verantwortungsvoll in die passenden Assets zu stecken. Die Immobilie ist eine solide langfristige Finanzanlage, die zum Beispiel gegenüber Wertpieren wie Aktien oder Anleihen den Vorteil hat, dass Sie als Anleger Einfluss auf die Wertentwicklung nehmen können. Als Aktionär oder Gläubiger können Sie nur warten und hoffen. Als Immobilieneigentümer können Sie Ihr Objekt entwickeln und den Wert steigern.

Matthias von Arnim: Wie Sie selbst erlebt haben, kann dabei ja einiges schiefgehen.

Hagen: Letztlich profitieren wir – und vor allem unsere Kunden – heute von unseren Erfahrungen und natürlich auch Fehlern von damals. Es ist ein enormer Vorteil, wenn man weiß, was alles falsch laufen kann. Fehler sind in dieser Branche wirklich teuer.

Matthias von Arnim: Was haben Sie konkret aus den Fehlern gelernt?

Frank: Ich habe für mich festgestellt, dass mir damals einfach die nötige Professionalität, das Wissen, Zeit und Erfahrung fehlten. Das kommt ja auch nicht von heute auf morgen. Aber man kann sich heranarbeiten und vor allem mehr Wert auf Risikomanagement legen. Das bedeutet für mich vor allem eine gründliche Prüfung vor dem Ankauf eines Objektes. Über die Jahre haben wir für uns – und vor allem für unsere Kunden – ein internes Verfahren entwickelt, mit welchem wir eine Immobilie anhand von über 500 Kriterien bewerten, und danach entscheiden, ob wir den Kauf tätigen.

Matthias von Arnim: Wie darf ich das verstehen? Kaufen Sie Immobilien für sich oder für Ihre Kunden?

Hagen: Die Dynamik des Immobilienmarktes ist einzigartig. Gute Objekte sind nie lange auf dem Markt und die besten Möglichkeiten findet man grundsätzlich auch eher außerhalb des Marktes über langjährige Beziehungen. Wenn wir ein attraktives Objekt akquirieren oder angeboten bekommen, dann müssen wir handeln – ob wir dafür bereits einen Kunden haben oder nicht. So halten wir also nicht nur für unsere bestehenden Kunden die Augen offen, sondern kaufen auch perspektivisch Immobilien für unseren eigenen Bestand, von denen wir wissen, dass sie eine gute Anlage für kommende Kunden sein werden.

Matthias von Arnim: Das bedeutet, Sie haben auch einige Immobilien im eigenen Bestand und bewirtschaften diese selbst?

Frank: Sogar sehr viele. Wenn man ein Objekt ankauft, gibt es oft eine Menge Baustellen, die es zu beseitigen gilt, bevor alles wirklich rundläuft. Wir beginnen ab dem ersten Tag, die Immobilie zu entwickeln und alle Zahnräder reibungslos ineinandergreifen zu lassen. Dazu gehört auch unser eigenes Hausmanagement, welches die herkömmliche Hausverwaltung ersetzt. Wir sind der festen Überzeugung, dass man nur dann seinen eigenen Ansprüchen gerecht wird, wenn man alle Prozesse in der eigenen Hand hält. Daher gliedern wir nichts aus, sondern schaffen eigene, interne Strukturen. Das hält die Kommunikationswege kurz und die Prozesse enorm effektiv. So können wir allen unseren Kunden ein Objekt übergeben, das sie gut schlafen lässt und dabei eine nachhaltige Rendite abwirft.

Hagen: Aber bis zu diesem ganzheitlichen Service war es ein langer Weg. Auch wir begannen mit einem typischen Vertrieb von Objekten, die uns von Bauträgern zugespielt wurden. Das war erneut eine lehrreiche Zeit.

Matthias von Arnim: Können Sie das konkretisieren?

Frank: Wir haben unsere Kunden nach bestem Wissen und Gewissen beraten, konnten aber natürlich auch nur mit den Informationen arbeiten, die wir selbst bekamen. Wenn wir dann die Kunden zum Bauträger übergaben, stellten sich Ungereimtheiten heraus, und das gute Bauchgefühl beim Kunden war weg. Es waren zwar nur Kleinigkeiten, und es waren großartige Immobilien, die sich hervorragend entwickelt haben. Aber das Bauchgefühl bei den Kunden stimmte nicht mehr. Der Vertrieb war vom Geschäftsgebaren her nicht vollständig transparent. Und es fühlte sich für uns nicht gut an, wenn uns die Kunden überrascht anschauten.

Matthias von Arnim: Was haben Sie daraus gelernt?

Hagen: Die drei wichtigsten Faktoren, um Vertrauen zu gewinnen und zu rechtfertigen, sind eine offene Kommunikation ...

Frank: ...Transparenz ...

Hagen: ... und Redlichkeit. Mach nur, wovon du im Innersten überzeugt bist. Dann überzeugst du auch deine Kunden ...

Frank: ... und gibst ihnen und dir selbst ein gutes Gefühl dabei. Meine Lehre aus diesem Kapitel war, dass man alle Kommunikationsstränge in der Hand behalten sollte. Mit den Kunden, der Hausverwaltung, mit der Bank, mit den Handwerkern, mit den Steuerberatern, mit den Bauträgern und den Mietern. Daraus ist das heutige ganzheitliche Konzept unserer Immobilienvermögensverwaltung entstanden.

Hagen: Im Kern geht es um das Thema Vertrauen. Ein Kunde muss sich auf den Experten verlassen können. Woher soll ein Laie denn all die Fallstricke kennen? Dazu kommen in jedem Bereich neue Ansprechpartner. Wenn einer dieser Ansprechpartner das Vertrauen der Kunden missbraucht, schadet er nicht nur dem Kunden, sondern der ganzen Branche. Leider gehen nicht alle Marktteilnehmer verantwortungsvoll mit dieser Erkenntnis um.

Matthias von Arnim: Können Sie Beispiele nennen?

Frank: Natürlich. Es gibt beispielsweise Immobilienvertriebe und sogar Sachverständige, die sich die Objekte nicht einmal von innen angesehen haben und trotzdem deren Werte schätzen. Mir fallen da ein paar Immobilienfonds ein, die – das ist ein offenes Geheimnis – seit ein paar Jahren schon enorm unter Druck stehen, passende Objekte zu finden. Der Markt ist leergefegt – und teuer. Die Fonds kaufen teilweise blind irgendwelche von außen frisch gestrichenen Mietshäuser. Und dann stellt man sich mal vor den Eingang, sieht sich die blanken Klingenschilder an, spricht mit dem einen oder anderen der wenigen verbliebenen Mieter – und dann stellt man fest, dass das Haus dringend renovierungsbedürftig, schlecht vermietbar und deshalb auch kaum bewohnt ist.

Matthias von Arnim: Der aufwändige Prüfungsprozess, bevor Sie ein Objekt kaufen, ist das eine. Was machen Sie im Anschluss, nachdem Sie das Objekt erworben haben?

Hagen: Man muss Immobilien nicht nur kaufen. Das bringt kein Geld. Im Gegenteil: Das kann teuer werden. Man muss Immobilien entwickeln – renovieren und ausbauen: So kann man Schätze heben. Auch ein heruntergekommenes Objekt kann wertvoll werden. Vorausgesetzt, Preis und Bausubstanz stimmen. Daher entwickeln wir für jeden unserer Kunden anhand seiner Ziele ein individuelles Vermögenskonzept, in welchem wir mögliche Objekte und Entwicklungsstrategien gemeinsam definieren – und dann für ihn umsetzen.

Matthias von Arnim: Was macht für Sie ein Objekt renditeträchtig und kaufenswert?

Frank: Das ist nicht immer in einem Atemzug zu nennen. Es kommt bei jedem Objekt darauf an, was der Kunde will. Manchmal steht ja gar nicht die Rendite im Vordergrund, sondern ein Lebensgefühl. Wer sich einen Loft in kauft, denkt nicht an eine rentable Vermietung, sondern daran, wie schön sich so etwas anfuhlen kann.

Matthias von Arnim: München ist vielleicht ein extremes Beispiel.

Frank: Natürlich. Es ist nur ein Beispiel. Aber wenn Rendite eine Rolle spielt, muss man schon erklären, worauf es ankommt. Will ich viel Geld parken? Dann kaufe ich vielleicht mit meinem überschüssigen Barvermögen, das kaum Zinsen auf dem Sparkonto bringt, eine Immobilie.

Matthias von Arnim: Wer über Immobilien als Anlageobjekte nachdenkt, sollte den Renditeaspekt aber trotzdem nicht aus den Augen verlieren, oder?

Hagen: In dem Fall zählt für mich nur eines: die Eigenkapitalrendite. Mit anderen Worten: Das Verhältnis von selbst investiertem Geld zu dem Überschuss der Miete nach laufenden Kosten und Zinszahlung an die Bank. Was erwirtschaftet mein eingesetztes Geld also für mich?

Matthias von Arnim: Was ist noch wichtig, wenn es darum geht, mit Immobilien eine gute Rendite zu erzielen?

Hagen: Eine ordentliche und grundsolide Objektentwicklung. Eine Immobilie sollte man renovieren, ausbauen und die Ressourcen finden, die es zu optimieren gilt. Nicht selten schlummern in Immobilien ja tatsächlich Schätze. Das liegt einfach daran, dass die Datenlage oft schlecht ist. Ich beurteile und bewerte eine Immobilie erst dann, wenn ich alle Daten zusammen habe – und vor allem: wenn ich überprüft habe, ob die Daten auch stimmen. Flächenangaben, das Baujahr oder die Nebenkostenabrechnungen sind zu überprüfen und oft so fehlerhaft, dass man die Renditekalkulation eigentlich neu aufsetzen muss.

Frank: Diese Erfahrung hätten wir beiden in jungen Jahren damals gut gebrauchen können.

Zwischendurch klingelt das Telefon. Ein Handwerker ist dran. Bei einem Objekt, das wir gerade sanieren lassen, soll er in allen Bädern die Waschbecken und Toilettenschüsseln installieren. Das Problem: Die Handwerker sind vor Ort, die Waschbecken und Toilettenschüsseln aber nicht. Er fragt, ob er deshalb zu einem anderen Objekt eines anderen Kunden weiterfahren könne. Für uns hätte er dann in einem Monat wieder Zeit – ein Monat Mietausfall für unseren Kunden. Der Hersteller, bei dem wir die Sanitäranlagen bestellt hatten, ist nicht erreichbar. Wir organisieren innerhalb einer Stunde Ersatz. Zehn Waschbecken, zehn Toilettenschüsseln im selben Design wie geplant. Die Handwerker können noch am selben Tag weiterarbeiten. Immobilienbusiness ist mehr als nur eine Kapitalanlage auf dem Papier. Das erfahren wir jeden Tag aufs Neue.

Matthias von Arnim: Herr Lehmann, wenn ich eine Immobilie als Renditeobjekt kaufe, dann gehört doch in der Regel auch der Verkauf zum Plan, oder?

Hagen: Richtig.

Matthias von Arnim: Wie bekommen denn Anleger, die vor vielen Jahren investiert haben, ein Gefühl dafür, was ihr Investment aktuell wert ist? Im Gegensatz zur Wertpapierbörse gibt es ja keinen Tagespreis für Immobilien. Wie ermittelt sich ein Immobilienwert? Wer kann mir helfen, diesen zu bestimmen?

Hagen: Grundsätzlich gilt als Regel: Eine Immobilie ist das wert, was der Käufer bereit ist zu bezahlen. Bei einer Immobilie, die vermietet verkauft wird, wird oft die Mieteinnahme pro Jahr als Grundlage genommen und mit einem ortsüblichen Vergleichsfaktor multipliziert. Den Faktor erhält man, wenn man sich Referenzobjekte ansieht, die gerade auf dem Markt sind, und den Kaufpreis ins Verhältnis zur Jahresmiete setzt. Je höher der Faktor, desto höher die Nachfrage in der Region. Auf eine steigende Nachfrage und somit einen steigenden Wert kann man durch eine gut gewählte Lage setzen. Auf den zweiten Parameter für die Wertsteigerung – die Miete – kann ich durch nachhaltiges Mietmanagement selbst Einfluss nehmen. Die Nachfrage nach Immobilien ist durch die aktuelle Zinslage enorm hoch, daher steigen die Preise. Und wenn Sie mich fragen, wird das noch eine ganze Weile so bleiben. Denn die Schuldenlast der Industriestaaten ist in den vergangenen Jahren immer weiter gestiegen. Steigen die Zinsen, würde das den Staatshaushalt einiger Länder förmlich strangulieren. Die Aussicht auf weiterhin niedrige Zinsen und damit eine andauernde Wertsteigerung mit Immobilien ist also sehr positiv.

Matthias von Arnim: Wenn man sich ansieht, wie Banken die Immobilien ihrer Kunden bewerten, dann bekommt man eher den Eindruck, dass sich Immobilien nicht lohnen. Wie kann das sein?

Hagen: Lassen Sie sich von solchen Bewertungen nicht irritieren. Banken müssen von vornherein einen vorsichtigen Ansatz verfolgen, weil sie nicht eigenes Geld verleihen, sondern das ihrer Sparer. Sie müssen gewährleisten, dass sie in der Lage sind, den Sparern ihr Geld wieder zurückzuzahlen. Eine Bank würde fahrlässig handeln, wenn sie die Objekte, die sie mitfinanziert, zu optimistisch bewerten würde.

Matthias von Arnim: Bei solch einer großen Anzahl an Faktoren, auf die man als Laie achten muss, beginne ich mich zu fragen, ob ein potenzieller privater Anleger vor der Investition in eine Immobilie nicht doch erstmal ein Studium zu dem Thema beginnen sollte.

Frank: Wenn er die Zeit dazu hat! Allerdings sollten sich Anleger idealerweise ja gerade nicht mit solchen Themen auseinandersetzen müssen.

Hagen: Auf keinen Fall. Den Fehler machen aber trotzdem viele. Sie kaufen eine Wohnung, und dann geht der Ärger los. Dachsanierung, Heizung tauschen, Eigentümerversammlungen ertragen ...

Frank: Das sollte man in der Tat vermeiden. Sonst besitzt einen die Immobilie und nicht umgekehrt. Wenn Sie eine Immobilie als Renditeobjekt kaufen, sollten Sie sich nicht um alles kümmern wollen. Wenn der Arzt anfängt, abends seinen weißen Kittel gegen den Blaumann zu tauschen, um die Zentralheizung zu reparieren und die Dachrinnen zu reinigen, läuft etwas schief. Mal ganz abgesehen davon, dass ein Profi in der Regel bessere Ergebnisse erzielt. Das wird spätestens dann deutlich, wenn Sie das Beispiel umkehren: Ein Handwerker kommt ja auch nur sehr selten auf die Idee, sich bei Zahnschmerzen selbst zu behandeln. Das sehen auch immer mehr Anleger so und lassen ihre Immobilieninvestments vertrauensvoll verwalten. Sie haben dadurch nicht nur mehr Freizeit, sondern auch meist eine höhere Rendite.

Matthias von Arnim: Das erinnert mich an den Werbespruch einer Bank vor einigen Jahren: „Leben Sie. Wir kümmern uns um den Rest."

Hagen: Der Spruch trifft es eigentlich ganz gut. Für unseren Kunden haben wir über die vielen Jahre einen guten Weg gefunden, der genau in diese Richtung geht. Wir betreuen die Objekte unserer Kunden, als wären es unsere eigenen. Wir leben Immobilien, und fast jeder unserer Mitarbeiter besitzt selbst eigene Objekte.

Matthias von Arnim: Das heißt, ich muss als Kunde loslassen und Verantwortung abgeben. Das fällt nicht jedem leicht. Und wie soll ich vertrauen können, wenn es doch so viele schwarze Schafe in der Branche gibt?

Hagen: Das ist letztlich Ihre Entscheidung als Kunde. Sie müssen ein gutes Gefühl für Ihr Gegenüber gewinnen. Unser Job ist es, dieses Vertrauen zu gewinnen und mit Zinsen an Sie zurückzuzahlen. Vertraut uns ein Kunde, können wir uns in Ruhe um alles kümmern.

Frank: Wie gesagt: Es geht um Vertrauen. Natürlich wagen Sie sich als Anleger auf unbekanntes Terrain. Wir sind hier aber zu Hause und können Chancen erkennen, die ein Laie nicht sieht. Ich sehe beispielsweise jede Immobilie als ein eigenes Unternehmen an. Bleiben Unternehmen stehen und entwickeln sich nicht weiter, werfen sie früher oder später keinen Gewinn mehr ab – daher muss ich jedes Unternehmen regelmäßig weiterentwickeln und Perspektiven erkennen. Dazu ein kurzes Beispiel von einem Kunden, der mit uns in einer Gegend investiert hat, die sich zum Zeitpunkt des Investments noch im Aufbruch befand. Nur wenige Häuser waren renoviert und die Straßen in schlechtem Zustand. Das war vor sieben Jahren. Heute verlaufen die neu asphaltierten Straßen inmitten eines wunderbaren pulsierenden Stadtteils. Und der Wert der Immobilie hat sich mehr als verdoppelt. Der Kunde ist mehr als glücklich. Zum Zeitpunkt des Investments hätte er natürlich

Zweifel haben können. Es war allein eine Frage von Vertrauen in unsere Erfahrung und unser Können.

Matthias von Arnim: Dass Sie von zu entwickelnden Gegenden sprechen, ist vermutlich kein Zufall, oder? Mit Immobilien im Osten Deutschlands haben sich Mitte der Neunzigerjahre viele Investoren die Finger verbrannt.

Hagen: Das stimmt. Mitte der Neunziger lagen die Immobilienpreise in den neuen Bundesländern am Boden. Aber wir waren schon damals davon überzeugt, dass insbesondere Dresden, Potsdam und vor allem Leipzig sehr gute Zukunftsaussichten bieten.

Matthias von Arnim: Wie sieht es heute aus? Wie schätzen Sie die Lagen in Deutschland ein? Wo lohnt es sich noch zu investieren?

Frank: Eine pauschale Antwort darauf gibt es leider nicht. Deutschland bietet überall Chancen. Es ist kein Zufall, dass immer mehr ausländische Investoren den Markt entdeckt haben. Wir haben eine solide Wirtschaft, ein stabiles Rechtssystem, eine hohe Kaufkraft und eine gute Infrastruktur. Aber man muss natürlich im Einzelfall genau hinsehen. Entscheidend ist die Lage. Aber auch da muss man aufpassen: Es gibt in Hamburg schlechte Lagen, wo Sie Geld verbrennen, und in Duisburg gute Lagen, wo Sie hohe Renditen erzielen können. Es ist wichtig, dass man sich fokussiert, um den Markt nicht nur zu kennen, sondern ihn zu spüren, um Entwicklungen mit höherer Wahrscheinlichkeit vorauszusagen.

Matthias von Arnim: Würden Sie einem Investor eher den Kauf einer gebrauchten Immobilie empfehlen? Oder sind Neubauten besser?

Hagen: Ein „Besser" gibt es da nicht. Es ist eher wie bei Autos: Wenn Sie einen Neuwagen kaufen, können Sie die Ausstattung mitbestimmen. Das Auto riecht noch neu und ist auf dem aktuellen Stand der Technik. Und Sie haben eine Herstellergarantie. Dafür ist das neue Auto teurer. So ähnlich ist das mit Immobilien – mit dem Unterschied, dass Autos auf jeden Fall an Wert verlieren, und zwar kurz nach Fertigstellung und Verkauf am meisten. Das ist bei Immobilien in der Regel nicht der Fall. Im Gegenteil.

Matthias von Arnim: Herr Lehmann, Sie sind seit vielen Jahren auch Dozent an der Ernst-Abbe-Hochschule Jena. Ihre Art, Immobilienthemen zu präsentieren, ist offensichtlich so spannend, dass sogar Masterabsolventen und Professoren Ihre Vorträge besuchen. Womit ziehen Sie die Akademiker in Ihren Bann?

Hagen: (Lacht.) Es ist eben für jeden interessant, wie man Geld verdienen kann. Sonst hätte der Leser dieses Buch auch nicht gerade in der Hand. Aber Spaß beiseite. Es gibt einige Sachen, die für viele Menschen einfach schwer greifbar sind. Dazu gehören auch Immobilien und vor allem große Zahlen. Beides gehört bei mir zum Tagesgeschäft und macht mir unheimlich Spaß. Daher rede ich auch gern darüber.

Eine Mitarbeiterin kommt zwischendurch herein und erinnert Hagen an seinen Zahnarzttermin. Eine Wurzelbehandlung. Hagen hat den Termin schon zweimal aufgeschoben. Der Zahnarzt hatte ihm in allen Details erklärt, was genau er wo und wie machen würde. Das hat bei Hagen leider einfach nur Angst ausgelöst. Er will den Termin ein weiteres Mal verschieben. Frank bietet ihm an, es stattdessen mit seinem Zahnarzt zu versuchen. Er gibt ihm die Telefonnummer. Hagen ruft an, erzählt ihm von seinem Problem, nickt kurz, sagt sofort zu und greift sich seine Jacke. Er hat kurzfristig einen Termin bekommen.

Matthias von Arnim: Das ging ja schnell. Womit hat Sie Ihr Zahnarzt denn überzeugt zu kommen?

Hagen: Er hat nichts über die Details der Behandlung gesagt. Als ich ihn gefragt habe, ob er mir bei meinem Zahnwurzelproblem helfen könnte, hat er einfach nur gesagt: Wenn ich etwas kann, dann das.

Frank: Vertrauen ist der Anfang.

Matthias von Arnim: Das klingt nach einem guten Schlusswort.

Hagen: In der Tat. Ich vertraue ihm. Jetzt soll er sich um den Rest kümmern.

Matthias von Arnim: Alles Gute. Und vielen Dank für das Gespräch.

Frank und Hagen: Wir danken.

Wir begleiten Matthias von Arnim zur Tür, er verabschiedet sich. Wir blicken ihm noch kurz hinterher, wollen die Tür schon schließen, da dreht er sich noch einmal um.

Matthias von Arnim: Entschuldigen Sie, ich hätte da noch eine Frage.

Frank und Hagen: Gerne.

Matthias von Arnim: Wenn man als Finanzjournalist Experten interviewt, stellt man sich oft unwillkürlich die Frage: Ist das, was die da machen, ein lohnendes Investment? Und wenn ja, warum? Deshalb habe ich noch diese eine Frage: Was empfehlen Sie konkret einem Immobilieninvestor?

Frank: Das werden wir gerade auf unseren Kundenveranstaltungen sehr oft gefragt. Als wichtigste Hilfen können wir Ihnen folgende fünf Regeln an die Hand geben.

Franks und Hagens fünf Immobiliengesetze

Erstes Gesetz: Investieren Sie bei Immobilienexperten

Wissen ist bares Geld wert. Das bedeutet im Umkehrschluss: Wer sich ohne oder mit nur wenig Erfahrung an das Thema Immobilien heranwagt, zahlt manchmal einen sehr hohen Preis dafür. Wir haben das selbst in unseren Anfangsjahren erlebt. Wir und unsere

Kunden können von unseren Erfahrungen heute profitieren, weil wir uns auf diese Anlageklasse spezialisiert haben. Wer jedoch nicht plant, hauptberuflich in der Immobilienbranche zu arbeiten, muss einen überproportional hohen Aufwand betreiben, um sich das Wissen anzueignen, dass notwendig ist, um gute Ergebnisse zu erzielen und wenigstens die schlimmsten Fehler zu vermeiden. Deshalb empfehlen wir, Immobilien von verlässlichen Partnern zu erwerben und bewirtschaften zu lassen. Die Frage lautet hier natürlich: Woran erkennt man verlässliche Partner? Dafür gibt es zwar keine Zauberformel, aber die Beantwortung folgender wichtiger Fragen hilft dabei, die Spreu vom Weizen zu trennen:

- Wie sieht das gesamte Leistungsspektrum des Partners aus? Achten Sie darauf, wie genau er die Leistungen beschreibt und wie kundenorientiert diese wirklich sind.
- Welche Referenzen kann der Partner vorweisen? Lassen Sie sich konkrete, realisierte Projekte zeigen. Sprechen Sie mit echten Kunden des Partners.
- Wie kommuniziert der Immobilienpartner mit Ihnen? Das Anliegen eines serviceorientierten Experten sollte es sein, dass Sie ihm auch als Laie zu jeder Zeit folgen können. Tipp: Eine Aneinanderreihung von Fachbegriffen täuscht oft nur Kompetenz vor.
- Welche Fortbildungen besucht der Partner jährlich? Fragen Sie ihn danach. Wer sich fortbildet, wird gern darüber Auskunft geben. Fortbildung ist deshalb so wichtig, weil die Gesetzgebung sich immer schneller verändert. Kapitalmarktregulierung, Mietpreisbremse, Neue-Energien-Gesetz, Änderungen bei der Besteuerung von Grundbesitz, Dämmvorschriften, Fördermöglichkeiten – das Feld der Stolpersteine, aber auch der Chancen ist groß. Ein Experte sollte hier die bestmögliche Beratung nach aktuellem Rechts- oder auch Steuerstand gewährleisten können.

Und zuletzt, die wichtigste Frage:

- Hat der Partner selbst Immobilien? Denn wer auch eigene Objekte besitzt, hat ein anderes Verständnis von Verantwortung und der Trageweite von Entscheidungen für den Eigentümer.

Zweites Gesetz: Investieren Sie in Wachstumsregionen

Wer investiert, setzt auf Wachstum. Deshalb sollte man, wenn es um Immobilien geht, auch in Wachstumsregionen investieren. Damit ist nicht nur die Bevölkerungsentwicklung gemeint, die natürlich ein Indikator ist, sondern auch die wirtschaftliche und demografische Dynamik der Region. Starke Unternehmen, autarke Infrastruktur, eine Universität und ein hohes Kulturangebot lassen hier die Investitionsampel grün aufleuchten. Auch wenn aktuell in ländlichen Lagen Objekte mit hohen Renditen zu erwerben sind, müssen Sie sich die Frage stellen: Wird hier die Nachfrage nach Wohnraum auch noch in den kommenden Jahren hoch sein? Wurde die Immobilie in einer nachhaltigen Lage erworben, profitieren Sie nicht nur davon, dass die Mieter über die Investitionsdauer den Kredit getilgt haben, sondern auch zusätzlich vom Wertzuwachs durch die hohe Nachfrage der Region. Durch eine geringe Restschuld bei der Bank und einen höheren Marktpreis können Sie so Ihren Gewinn also in zwei Richtungen optimieren – das Prinzip der doppelten Wertsteigerung von Immobilien.

Drittes Gesetz: Achten Sie auf eine solide Finanzierung

Ein gutes Verhältnis von Fremd- und Eigenkapital ist ein wichtiger Grundstein für Ihr erfolgreiches Investment. Mit Eigenkapital zeigen Sie der Bank, dass Sie ein Investor und kein Spekulant sind und auch auf unvorhersehbare Kosten während Ihres Immobilienlebens reagieren können. Ein vernünftiger Anteil Eigenkapital verschafft Ihnen bessere Darlehenskonditionen bei der Bank und wird in der Immobilie besser verzinst als auf herkömmlichen Sparkonten. Ein Hebel – also ein hoher Anteil von Fremdkapital in Form von Bankdarlehen – sorgt dafür, dass Sie fremdes Geld in Ihre Investition mit aufnehmen und es ebenfalls für sich arbeiten lassen. Somit steigt Ihr Ertrag, und Sie verdienen mehr Geld. Man spricht hier vom Hebeleffekt. Aber Vorsicht: Genau dieser Hebeleffekt kann bei schlechter Bewirtschaftung und falscher Wahl der Immobilie auch in die andere Richtung wirken. Daher ist die Wahl der richtigen Immobilie, angepasst auf die eigene wirtschaftliche Situation und ein gewisser Anteil Eigenkapital wichtig. Nach über 25 Jahren Erfahrung und über 600 betreuten Immobilieninvestitionen können wir eines sicher sagen: Eine gut betreute Immobilie, die Sie gut schlafen lässt, ist mehr wert als der letzte herausgekitzelte Prozentpunkt Rendite.

Viertes Gesetz: Kaufen Sie Immobilien für andere – nicht für sich

Das Wichtigste an einer Immobilie als Kapitalanlage ist deren Vermietbarkeit! Daher sollte die Immobilie auch bestmöglich den Anforderungen des lokalen Wohnmarktes entsprechen. Hier hilft oft ein Blick auf die demografischen Entwicklungen der Stadt. Kleine Wohnungen in Universitätsnähe werden auf dem Markt immer beliebt sein, genauso wie Mehrzimmerwohnungen im direkten Speckgürtel einer aufstrebenden Stadt. Denn hier ziehen Familien hin, die sich die steigenden Mietpreise einer dynamischen Stadt nicht mehr leisten können oder wollen. Hier hilft es, sich vertrauensvoll an einen Experten zu wenden, der die Region wie seine Westentasche kennt und Entwicklungen mit hohen Wahrscheinlichkeiten vorhersagen kann. Ein Fehler, der gern von Investoren gemacht wird, ist, die Immobilie und den Grundriss mit den Emotionen eines Eigennutzers zu sehen. Oft stellen sie sich die Frage: Würde ich hier wohnen wollen? Alle eigenen sehr individuellen Präferenzen und Standards beeinflussen dann die Sichtweise. Dabei ist doch aber die Frage, ob das Objekt in diesem Zustand vermietbar ist. Es verhält sich ähnlich wie beim Angeln: Der Köder muss dem Fisch schmecken – nicht dem Angler. Geradlinige, klar strukturierte Grundrisse mögen nicht *en vogue* sein, sprechen aber die breite Masse an und ergeben die größte Schnittmenge bei der Vermietbarkeit. Eine zeitlose Ausstattung wie ein solider Eichenboden gefiel immer und wird auch immer gefallen.

Fünftes (und wichtigstes!) Gesetz: Besitzen Sie die Immobilie – nicht die Immobilie Sie

Ihre Immobilie kann einen großen Platz in Ihrem Alltag einnehmen, und schnell werden Sie durch alle kleinteiligen Prozesse komplett vereinnahmt. Sie werden zum Hausmeister. Sie sollen und wollen mit der Immobilie normalerweise jedoch Geld verdienen und nicht Ihren Job wechseln. Also verlieren Sie sich nicht im Detail, sondern wahren Sie den Blick auf das große Ganze. Lassen Sie die Immobilie durch eine gute Verwaltung und einen kompetenten Partner bewirtschaften. Das verschafft Ihnen nicht nur mehr Freizeit, sondern vor allem garantiert Ihnen eine gute Bewirtschaftung eine nachhaltige Entwicklung und somit auch eine Wertsteigerung der Immobilie. Ein kompetenter Partner erkennt Potenziale der Immobilie und entwickelt diese für Sie, sodass der Ertrag über den gesamten Investitionszeitraum erheblich steigt. Das ist Ihre Investitionsrendite.

Steckbrief

Immoscoring GmbH

Geschäftsführung: Frank Donner (li.) und Hagen Lehmann (re.)
Gründungsjahr: 2009
Anzahl der Mitarbeiter: 25
Verwaltetes Vermögen: circa 1,2 Milliarden Euro
Höhe des erforderlichen Anlagevolumens: individuelle Vermögenskonzepte: ab 250.000 Euro Eigenkapital
Kunden-Zielgruppe: vermögende Privatkunden und Unternehmer, institutionelle Anleger, Stiftungen, Pensionskassen
Dienstleistungsangebot: Vermögenskonzeption, Objektentwicklung, Immobilienmanagement
Spezielle Kompetenzen: eigener Bestand an Objekten, Immoscore-Gütesiegel
Adresse: Katharinenstraße 6, 04109 Leipzig
Telefon: 0341/46 37 41 00
E-Mail: info@immoscoring.de
Internet: www.immoscoring.de

TEIL 2: VERMÖGENSVERWALTUNG

Bei Experten muss man unterscheiden:
Verstehen sie sich auf etwas, oder verstehen sie etwas davon?
Werner Schneyder

WAS TUN VERMÖGENSVERWALTER?

Vermögensverwalter haben vor allem einen Auftrag: Sie sollen im Sinne des Kunden handeln. Das klingt zunächst selbstverständlich. Als Kunde erwarten Sie schließlich, dass ein von Ihnen beauftragter Vermögensverwalter mit Ihrem Geld pfleglich umgeht. Mancher Kunde geht deshalb mit einer gewissen Erwartungshaltung zum Vermögensverwalter, die mehr oder weniger lautet: „Hier ist mein Geld. Mach mehr daraus!" So funktioniert Vermögensverwaltung jedoch nicht. Als Kunde eines Vermögensverwalters müssen Sie zwar keine Ahnung von den Kapitalmärkten haben, aber sie müssen Ziele vorgeben. Sie müssen in gewisser Weise Ihr Leben auf den Tisch legen – Ihr aktuelles und das, was Sie noch damit vorhaben. Ihr Gegenüber wird Ihnen im Normalfall schon im ersten Gespräch viele Fragen stellen. Sie sehen schon: Es ist ein sehr persönliches Geschäft.

Wenn Sie als Kunde in solch einer Situation selbstbewusst agieren wollen, lohnt es sich, auch zu wissen, was auf der anderen Seite des Tisches vorgeht. Was denkt und erwartet ein Vermögensverwalter? Was sind seine Ziele? Wie funktioniert sein Business? Um das zu verstehen, muss man sich gedanklich auf sein Gegenüber einlassen. Deshalb führen wir Sie in diesem Kapitel auf die andere Seite des Tisches, damit Sie das Thema Vermögensverwaltung einmal aus Sicht des Vermögensverwalters denken.

Für ihn sieht das Tischgespräch mit Ihnen so aus:

Erstens muss ein Vermögensverwalter abfragen und verstehen, was sein Gegenüber will. Dabei muss er in den ersten Gesprächen die Vermögens- und Einkommensverhältnisse seiner Klienten gewissenhaft prüfen. Das reicht von der Abfrage, ob und welche Wertpapiere, Immobilien, Kunst, Autos und andere Wertanlagen vorhanden sind, über die Dokumentation der Einnahmen und Ausgaben bis hin zu Versicherungen, Familienverhältnissen und eventuellen Risikofaktoren. Darüber hinaus muss er abfragen, welche Erfahrungen seine Klienten mit Wertpapieren haben. Das verlangt das Gesetz. Diese sogenannte Geeignetheitsprüfung soll der Sicherheit des Kunden dienen, ist aber auch für den Vermögensverwalter eine Art Rückversicherung. Denn der Geeignetheitsbogen dient bei einem eventuellen Rechtsstreit dazu, einen Eindruck davon zu geben, ob der Kunde tatsächlich verstanden hat, was er unterschrieben hat.

Sind die Eingangsfragen, die Vermögensverhältnisse geklärt und der Auftrag für eine Vermögensverwaltung erteilt, beginnt die eigentliche Arbeit des Geldverwaltens – das, wofür der Kunde ja gekommen ist. Dessen oberste Ziele sind in der Regel: Kapital erhalten und Verluste vermeiden. Das klingt beim ersten Zuhören zunächst langweilig, weil selbstverständlich. Wer will schon Verluste machen? Es lohnt sich aber, sich die Zeit zu nehmen, genauer darüber nachzudenken, was es bedeutet, Kapital zu erhalten. Es bedeutet nicht, um jeden Preis – das ist wörtlich zu nehmen – Gewinne zu erzielen. Es geht darum, Risiken richtig einzuschätzen und vorausschauend im Sinne des Kunden zu handeln. Dieser nachhaltige Ansatz mag in Boom-Zeiten dafür sorgen, dass die von Vermögensverwaltern gemanagten Portfolios nicht so schnell wachsen, wie die Aktienkurse an der Börse steigen. Dafür muss sich ein Vermögensverwalter dann auch schon mal vor seinen Kunden rechtfertigen. Doch in Zeiten von Finanzkrisen stürzen professionell betreute Portfolios auch nicht so schnell ab. Dafür wiederum sind ihm seine Klienten zuweilen dankbar.

Das kostet Vermögensverwaltung

Der Preis für diese Dienstleistung variiert, je nach Höhe des zu betreuenden Vermögens, der speziellen Vereinbarung und dem individuellen Servicepaket. Den meisten Tarifen gemeinsam ist, dass Vermögensverwalter für ihre Tätigkeit eine laufende, pauschale Verwaltungsgebühr berechnen, die zuweilen auch mit variablen Faktoren versehen ist, zum Beispiel einer Gewinnbeteiligung. Üblich ist eine Pauschale von 1 Prozent des zu verwaltenden Vermögens, plus Extras – je nach Vertrag.

Für die Verwaltung von 1 Million Euro bekommt ein Vermögensverwalter also im Falle eines normalen Standardtarifs eine Pauschale von 10.000 Euro im Jahr. Das sind weniger als 1.000 Euro im Monat – für die Verwaltung des Vermögens, Analyse, Käufe und Verkäufe, die Abwicklung mit der Depotbank, für die Erfüllung regulatorischer Aufgaben, Buchhaltung, Korrespondenz, Beratung und so weiter. Man kann sich also leicht ausrechnen, dass es sich für einen Vermögensverwalter kaum lohnt, einen Auftrag unterhalb 1 Million Euro anzunehmen.

Warum unabhängige Vermögensverwalter die bessere Wahl sind

Es gibt im Wesentlichen zwei Sorten von Vermögensverwaltern: auf der einen Seite die „Wealth Management"-Abteilungen großer Banken und auf der anderen Seite unabhängige Vermögensverwalter ohne Bindung an ein Finanzinstitut. Die Riege der „Unabhängigen“ wächst. Nach Einschätzung des Verbands unabhängiger Vermögensverwalter (VuV) gibt es derzeit rund 300 Vermögensverwalter, die von der Bundesanstalt für Finanzdienstleistungsaufsicht (BaFin) zugelassen sind und einer permanenten Überwachung unterliegen. Davon sind rund 200 Vermögensverwalter im VuV organisiert. Als der Verband im Dezember 1997 gegründet wurde, startete er mit gerade einmal sieben Mitgliedern. Ein Grund für das Wachstum der Branche liegt nicht zuletzt in dem Vertrauensschwund gegenüber großen Finanzinstituten. Dass das Misstrauen gegen die Banken insbesondere im Zuge der Finanzkrise gewachsen ist, hat konkrete Gründe: Zum einen scheitern große Institute oft an der Aufgabe, tatsächlich individuellen Service zu bieten. Zwar werben alle in der Branche damit, jeweils auf die persönlichen Ziele und Befindlichkeiten der Kunden einzugehen, doch man kann sich leicht ausrechnen: Individualität ist ein unrealistisches Versprechen, wenn ein Kundenbetreuer eine dreistellige Zahl an Konten zu verwalten hat. Im Endeffekt läuft es darauf hinaus, dass zwar nach der Erfahrung, der Risikobereitschaft und persönlichen Zielen gefragt wird – das ist gesetzlich ja schon so vorgeschrieben –, doch am Ende wird dann oft eines von maximal fünf zur Auswahl stehenden Anlagekonzepten für den Kunden ausgewählt und umgesetzt. Und das nicht selten mit Produkten aus dem eigenen Fondsshop. Das entspricht im Übrigen so ziemlich genau dem, was auch Onlinevermögensverwalter anbieten, sogenannte Robo-Advisors, weswegen gerade die großen Institute angefangen haben, selbst solche Portale zu entwickeln oder Unternehmen aus diesem Bereich aufzukaufen.

Diese Standardisierung hin zu automatisierter individueller Vermögensverwaltung – ein Widerspruch in sich – und die Fokussierung auf den Produktvertrieb ist gleichzeitig der zweite Grund für die zunehmende Flucht der Kunden hin zu unabhängigen Verwaltern: Die großen Finanzinstitute haben vor etwa 20 Jahren begonnen, ihre Geschäftsmodelle zu verändern. Die Vermögensberatung orientiert sich seitdem immer mehr daran, neue Finanzprodukte zu verkaufen. Das kommt bei vielen Kunden überhaupt nicht gut an. Zwar soll durch eine schärfere Regulierung, die allerdings erst seit dem Jahr 2018 wirksam wurde, der Kundennutzen per Gesetz im Vordergrund stehen. Wer einem Kunden ein Produkt verkaufen will, muss erklären können, warum ausgerechnet dieses und kein anderes Produkt für die Umsetzung der individuellen Strategie gewählt wird. Der Verkauf von „Hausprodukten" soll damit unterbunden werden. Doch schon das erste Jahr nach Start der neuen Regulierungsvorschriften hat gezeigt: Papier ist geduldig. Institute, die nicht nur Vermögen verwalten, sondern auch eine eigene Fondspalette anbieten, neigen nach wie vor dazu, aus der eigenen Schublade heraus zu verkaufen. Der Gesetzgeber hat also noch viel Arbeit vor sich.

Man muss ergänzend sagen: Auch einige unabhängige Vermögensverwalter bieten eigene Fonds an. Dabei handelt es sich zumeist aber um Strategiefonds, die Kunden mit kleinerem Vermögen angeboten werden, für die sich eine individuelle Vermögensverwaltung nicht lohnt. Diese Fonds werden in der Mehrzahl ohne Ausgabeaufschlag und nur über die Vermögensverwalter direkt verkauft. Der Verkauf über provisionsgetriebene Vertriebe ist eher die Seltenheit. Wer sein Vermögen einem unabhängigen Vermögensverwalter anvertraut, findet eher selten dessen Fonds in seinem Portfolio. Und wenn doch, dann werden in der Regel die Verwaltungsgebühren des jeweiligen Fonds herausgerechnet. Es entstehen so keine Mehrkosten.

Die allermeisten unabhängigen Vermögensverwalter sind deshalb keine Produktverkäufer, sondern Strategen. Sie packen die Portfolios ihrer Kunden nicht mit Fonds voll, sondern investieren direkt in Aktien und Anleihen. Vorteil: Hier gibt es keine Vertriebskosten.

Damit gibt es im Idealfall nicht nur einen Kostenvorteil, sondern eben auch einen Anspruch darauf, dass tatsächlich ein individuell passender Service geboten wird. Natürlich gibt es auch unter den Unabhängigen gute und weniger gute. Das muss man natürlich selbst herausfinden. Dabei soll übrigens auch dieses Buch ein wenig helfen. Aber prinzipiell ist man schon mal gut aufgehoben, wenn man einen Vermögensverwalter wählt, der sich erst einmal Zeit nimmt zuzuhören und nicht sofort mit Lösungsvorschlägen kommt.

Schließlich muss das Produkt zum Profil des Kunden passen und in erster Linie dem Kunden einen wirtschaftlichen Nutzen bringen und nicht den Profit des Verwalters steigern. Nachhaltigkeit sollte dabei oberstes Gebot sein und viele Umschichtungen im Portfolio deshalb eher die Ausnahme.

Die wirklich Reichen erkennt man daran,
dass sie nach dem Preis fragen.
RICHARD BURTON

DAS MAGISCHE DREIECK: KUNDE, VERMÖGENSVERWALTER UND DEPOTBANK

Wer sein Vermögen einem Vermögensverwalter anvertraut, der weiß normalerweise nicht, in welch komplexes, rechtliches Beziehungsgeflecht er eintritt. Daran sind in Wesentlichen drei Akteure beteiligt: der Anleger selbst, der Vermögensverwalter und eine Depotbank. Als Kunde sprechen Sie zwar nur mit Ihrem Vermögensverwalter. Er ist Ihr direkter Ansprechpartner. Doch im Hintergrund passiert eine Menge, das durch die Depotbank geregelt wird, mit der der Vermögensverwalter zusammenarbeitet. Genau genommen ist es eigentlich keine bilaterale, sondern eine trilaterale Rechtsbeziehung. Manchmal spricht man hier auch von einem sogenannten Investmentdreieck (siehe Abbildung).

Als Anleger schließen Sie zwei Verträge ab: einen mit dem Vermögensverwalter und einen mit der Depotbank. Die Depotbank verwahrt alle Wertpapiere, die der Vermögensverwalter für Sie han-

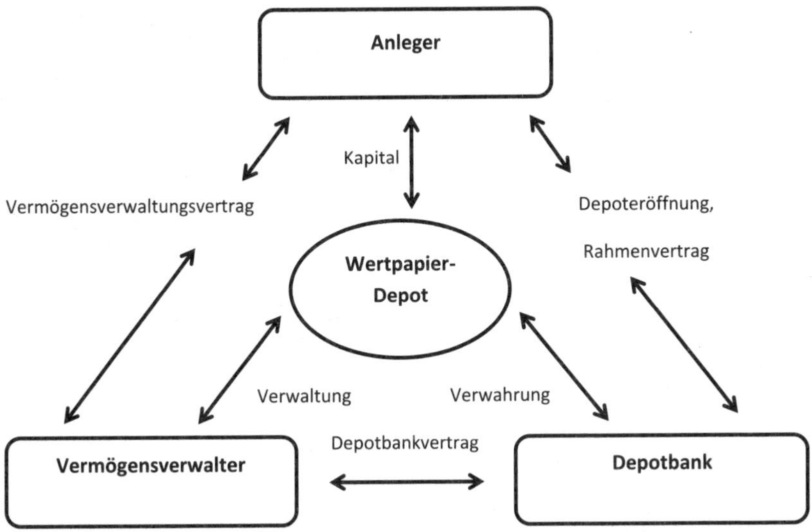

delt, und sorgt für die Abwicklung der Wertpapiergeschäfte, die der Vermögensverwalter in Ihrem Auftrag tätigt. Was genau ein Vermögensverwalter tun darf und was nicht, wird in dem Vermögensverwaltungsvertrag geregelt, den Sie mit dem Vermögensverwalter abschließen. Die Depotbank sorgt dafür, dass genau dieser Rahmen eingehalten wird. Zugriffe des Vermögensverwalters darüber hinaus, wie zum Beispiel die Übertragung von Kapital oder Wertpapieren auf andere Depots, werden durch die Depotbank kontrolliert und gegebenenfalls verhindert.

Die Aufgabenteilung im Investmentdreieck ist klar definiert. Der Vermögensverwalter kümmert sich um die Anlagepolitik, das Anlage- und Risikomanagement des Geld- und Wertpapiervermögens. Die Depotbank ist für die Verwahrung der im Depot befindlichen Wertpapiere und die operative Abwicklung aller Transaktionen verantwortlich. Sie führt zudem alle anfallenden Zahlungen durch.

Die Aufgaben der Depotbank im Überblick:

- Verwahrung des Bar- und Wertpapiervermögens,
- Verwaltung und Abwicklung von Ausschüttungsbeträgen und Verkaufserlösen aus Finanzprodukten,
- Berechnung und Belastung der laufenden Gebühren,
- Überwachung der Einhaltung der Rahmenvereinbarung zwischen Anleger und Vermögensverwalter,
- Berechnung von Depotstatistiken.

Service rund ums Verwahren

In ihrem Werben um die Vermögensverwalter als Kunden stehen die Depotbanken in starkem Wettbewerb zueinander. Allein über den Preis können die verschiedenen Banken kaum noch punkten. Hier ist der Rahmen eng gesteckt. Deshalb haben die Depotbanken vor allem beim Service aufgerüstet und bieten Vermögensverwaltern mittlerweile einen ganzen Blumenstrauß an Lösungen an. Das geht so weit, dass Vermögensverwalter – wenn sie es denn wollen – nahezu alle administrativen Aufgaben an eine Depotbank auslagern können. Vorteil: Sie können sich ganz auf das konzentrieren, was sie am besten können: das Management von Vermögen. Nachteil: Solche Dienstleitungen sind in der Regel nicht umsonst zu haben. Je nachdem, welchen Anteil dieser Kosten ein Vermögensverwalter an seine Kunden weitergibt, wird das Vermögensmanagement für die Kunden teurer oder preiswerter als bei der Konkurrenz.

Doch wie so oft im Leben läuft es im Normalfall auch bei der Vermögensverwaltung auf eine Mischkalkulation hinaus. Im Durchschnitt hat jeder Vermögensverwalter drei bis vier Bankverbindungen, um die Einzeldepots oder Fonds seiner Kunden zu verwalten. Jede der Banken hat ihre Stärken und Schwächen. Das Angebot der Banken reicht von Softwareentwicklung, Reporting bis zum Research. Die Banken bieten Unternehmensberatung und unterstützen Existenzgründungen, und sie helfen sogar bei der Kundengewinnung. Gerade im Bereich der Digitalisierung tut sich im Moment viel. Einige Depotbanken erlauben mittlerweile die vollständige digitale Eröffnung eines kompletten Bankkontos für Vermögensverwalter.

Ein kleiner Überblick über die Angebotspalette macht deutlich, was Depotbanken mittlerweile leisten:

- Abwicklung von Wertpapierorders,
- standardisierte Vermögensverwaltung mit allen Wertpapierarten, Abwicklung inklusive Reporting, Verlustschwellenüberwachung und Benchmarkvergleich,
- Handel mit verschiedenen Währungen,
- flexible Verwaltung laufender Vertriebsprovisionen, zum Beispiel die Ausschüttung an die Kunden,
- Unterstützung beim Fondsgeschäft, Fondsauflegung und deren Vertrieb für Vermögensverwalter,
- Auflegung von Schuldscheindarlehen oder Anleihen,
- Unternehmensberatung: Begleitung bei Unternehmensgründung, Unterstützung bei der Lizenzbeantragung, Fondskonzeption, Personalgewinnung und Vertriebskonzept,
- kostenfreie Depotführung,
- Verzinsung von Liquidität,
- Angebot von Lombardkrediten,
- IT-Schnittstellen zu verschiedenen Softwarelösungen wie vwd Portfolio Manager, PSplus, Munio, Privé Financial oder FVBS, Schnittstellen zu allen gängigen Front Ends der Maklerpools,
- Schulungen und Webinare zu allen möglichen Bereichen wie Steuer, Regulierung, Software oder zu aktuellen Themen,

- Begleitung von Vermögensverwaltern bei der Durchführung von Anlageausschusssitzungen und bei Veranstaltungen zur Kundengewinnung,
- Veranstaltungen als Branchentreffs, Investmentstammtische, Roadshows,
- auf die Kundengruppe zugeschnittene Newsletter,
- Presse- und Öffentlichkeitsarbeit,
- Börsenspiele als Instrumente zur Kundengewinnung,
- Datenbanken für Produktinformationsblätter (PIB) sowie Key Investor Information Documents (KIID).

Ein Vermögensverwalter ist ein Mensch, der mehr von dem Geld versteht, das ihm nicht gehört, als derjenige, der es besitzt.
Danny Kaye

DEN PASSENDEN VERMÖGENSVERWALTER FINDEN

Die Immobilienpreise sind gestiegen. Wenn ich jetzt kaufe, kaufe ich dann zu teuer? Diese Frage hören wir oft genug von Kunden, die um Rat fragen. Aber wir kennen auch die andere Variante: Die Preise sind gefallen. Wenn ich jetzt kaufe, zahle ich zu viel, denn wenn ich noch ein wenig warte, bekomme ich meine Wunschimmobilie billiger. Mit anderen Worten: Wenn man will, kann man ewig in Untätigkeit verharren.

Das gilt übrigens auch für andere Geldanlageformen, insbesondere für die Kapitalanlage an der Börse. Dasselbe Spiel können Sie auch hier spielen: Die Aktienkurse sind gestiegen. Wenn ich jetzt kaufe, kaufe ich zu teuer. Ich warte lieber, bis die Kurse fallen. Oder auch: Die Zeiten sind unruhig. An den Börsen herrscht Unsicherheit. Was soll man da als Anleger tun? Viele entscheiden sich fürs Nichtstun. Das ist schade, denn so viel ist klar: Unsicherheit über die weitere Entwicklung herrscht immer. Das ist der Normalzustand. Das muss sogar so sein, denn sonst gäbe es nicht gleichzeitig

Käufer und Verkäufer. Es kämen keine Geschäfte zustande, wenn alle immer derselben Meinung darüber wären, ob ein Wertpapier oder eine Immobilie im Wert steigt oder fällt. Die Frage ist nur: Wie verhält man sich im Kapitalmarkt, wenn man kein Kapitalmarktexperte ist? Antwort: Man macht sich keine Gedanken über die passenden Anlageformen, sondern über seine persönlichen Ziele. Und dann stellt man sich selbst noch ein paar wichtige Fragen und befolgt ein paar wichtige Regeln, bevor man zum Geldanlageprofi geht. Erste Regel: Als Anleger sollten Sie nicht blind dem Erstbesten vertrauen, sondern die Angebote gut miteinander vergleichen. Vermögensverwaltung ist ein Geschäft, bei dem Fehler teuer werden – auch die eigenen. Nicht jeder Vermögensverwalter passt zu jedem Anlegertyp. Als Anleger sollten Sie sich deshalb vorab folgende wichtige Fragen stellen.

Brauche ich überhaupt einen Vermögensverwalter?

Machen Sie sich keine Illusionen: Grundsätzlich ist der Gang zum Vermögensverwalter erst ab einer bestimmten Vermögenssumme sinnvoll. Eine individuelle Vermögensverwaltung beginnt in der Regel ab einer Summe von 500.000 Euro oder 1 Million Euro, je nach Anbieter. Vermögende Kunden in dieser Größenordnung gehören zur typischen Klientel von unabhängigen Vermögensverwaltern und Privatbanken. Summen unterhalb dieser Marke lohnen sich weder für Sie noch für einen Vermögensverwalter. Sie sind kein Millionär? Dann kommt eventuell ein Vermögensverwalterfonds für Sie infrage (siehe folgendes Kapitel).

Welcher Anlegertyp bin ich?

Schon vor dem ersten Gespräch mit einem Vermögensverwalter sollten Sie sich Gedanken darüber machen, welche Anlageziele Sie verfolgen und welches Risikoprofil Sie haben. Ein professioneller Vermögensverwalter wird die Erwartungen seiner Kunden gleich zu Beginn der Zusammenarbeit abklären. Es schadet also nichts, sich im Vorfeld Gedanken über die eigene Risikobereitschaft zu machen. Denn je besser Sie die eigenen Erwartungen definieren, desto höher ist die Wahrscheinlichkeit, dass diese auch erfüllt werden können. Das ist für Sie selbst schließlich auch ein wichtiger Gradmesser: Wer keine Ziele vorgibt, kann auch nicht entscheiden, ob und in wie weit die Ziele erreicht werden.

Ist eine Bank oder ein unabhängiger Vermögensverwalter die richtige Wahl?

Bei der Wahl zwischen Bank und unabhängigem Verwalter sollten Sie Ihrem Bauchgefühl vertrauen: Schätzen Sie beispielsweise die Infrastruktur einer Bank oder ist Ihnen eine größere Flexibilität und Freiheit einer spezialisierten, unabhängigen Vermögensverwaltung lieber? Tipp: Freie Vermögensverwalter sind häufig auch in der Preisgestaltung flexibler als Banken.

Wie finde ich den für mich passenden Vermögensverwalter?

Bei der Auswahl eines Vermögensverwalters können Sie sich entweder auf Empfehlungen verlassen oder selbst im Internet recherchieren. Onlinedatenbanken zum Beispiel können Ihnen eine gute Hilfestellung sein.

Eine gute Übersicht über unabhängige Vermögensverwalter in Ihrer Nähre bietet beispielsweise die Onlinedatenbank des Verbandes für unabhängige Vermögensverwalter:

www.vuv.de/vermoegensverwaltung

Ein Vergleichsportal für Vermögensverwalter finden Sie auf folgender Website:

www.firstfive.com

Eine geografische Suche mit Landkarte und Vermögensverwaltern in Ihrer Nähe finden Sie auf dieser Seite:

www.vermoegensverwalter-finden.de

Dass Ihr persönlicher Geldverwalter in der Nähe residiert und in Leistungsvergleichen gut abschneidet, kann natürlich angenehm sein, und das können wesentliche Kriterien für Ihre Wahl darstellen. Aber es sollte im Idealfall mehr wichtige Punkte geben, die über die Postleitzahl und die reinen Zahlenwerke hinausgehen. Der vielleicht wichtigste Punkt sind die sogenannten weichen Faktoren, auf die Sie achten sollten. Dazu gehört zum Beispiel der Faktor Zeit: Eine gute Beratung besteht aus einer fundierten Analyse und einem schlüssigen Anlagekonzept. Für beides brauchen der Berater und der Kunde Zeit. Schon hier scheidet sich die Spreu vom Weizen: Standardisierte Konzepte werden Kunden in den seltensten Fällen gerecht. Es sind immer Kompromisse. Dafür setzen Sie sich aber nicht einem Profi gegenüber, der Ihnen eine individuelle Dienstleistung erbringen soll. Wer mit Standardkonzepten ankommt, dem sollten Sie noch einen guten Tag wünschen und gehen.

Ein weiterer wichtiger Faktor ist das Vertrauen in den Vermögensverwalter: Zwischen Ihnen und dem Experten muss die Chemie stimmen. Jeder Vermögensverwalter hat seinen individuellen Anlagestil, den jeder seiner Kunden akzeptieren muss. Deshalb sollte ein Vermögensverwalter seine Arbeitsweise anschaulich erklären und darlegen können, ob er zum Beispiel auf Fonds oder Einzeltitel setzt und welche Auswahlkriterien er dafür zugrunde legt. Ein guter Vermögensverwalter klärt darüber hinaus ausführlich über Anlagerisiken auf. Schließlich dient eine gute Aufklärung dazu, einer falschen Erwartungshaltung an die Vermögensverwaltung vorzubeugen. Das sorgt für eine solide Geschäftsgrundlage, mit der Sie und Ihr Gegenüber sich wohlfühlen können. Wohlfühlen ist wichtig! Unterschätzen Sie das nicht. Denn der Erfolg eines Vermögensverwalters zeigt sich nicht nur in der Rendite, sondern vor allem in einer Performance, die auch Anlagerisiken berücksichtigt. Mit Finanzkennzahlen, wie beispielsweise der sogenannten Sharpe Ratio, die das Verhältnis von Ertrag zum Risiko misst, kann beispielsweise die Qualität einer Anlagestrategie beurteilt werden. Ein guter Vermögensverwalter hat solche Kennzahlen nicht nur im Blick, sondern berichtet Ihnen auch über das eingegangene Anlagerisiko.

Was Sie als Anleger auch wissen sollten: Vermögensverwalter müssen Sie über alle Risiken, Anlageformen und Gebühren umfassend informieren – auch über Provisionen, die Produktanbieter dem Vermögensverwalter zahlen. Achten Sie darauf, denn ehrliche Vermögensverwalter nehmen solche Provisionen nicht an, sondern leiten sie an ihre Kunden weiter. Ein weiterer Punkt, der Ihnen ermöglicht zu erkennen, wie gut ein Vermögensverwalter arbeitet: Unterm Strich sollten Vermögensverwalter die Performance, die sie erzielen, generell nach Abzug der Kosten angeben. Denn erst der Nettogewinn verrät, wie erfolgreich das Vermögen tatsächlich im Sinne des Kunden gemanagt wird.

Fazit: Vermögensverwalter können Sie beim Thema Kapitalanlage stark entlasten

Bevor Sie sich auf die Suche nach dem passenden Experten machen, sollten Sie sich genau überlegen, welche Anlageziele Sie verfolgen und welcher Risikotyp Sie sind. Sie kommen ohnehin nicht darum herum, denn Ihr Gegenüber ist gesetzlich verpflichtet, Sie danach zu fragen. Ach ja, wichtig – ein letzter Tipp: Hören Sie auf Ihr Bauchgefühl. Sie wollen schließlich nicht nur Ihr Geld vermehren, sondern dabei auch gut schlafen können.

An der Börse sind 2 mal 2 niemals 4, sondern 5 minus 1. Man muss nur die Nerven haben, das minus 1 auszuhalten.
André Kostolany

VERMÖGENSVERWALTER-FONDS: ERFAHRUNG UND WISSEN IN KLEINEN STÜCKEN

Vermögensverwaltung ist ein sehr persönliches Geschäft. Man spricht miteinander, man tauscht sich aus und lernt sich kennen. Im Beratungsgespräch erfahren Vermögensverwalter, worauf Sie als Kunde Wert legen und wie risikobereit Sie sind. Am Ende steht eine langfristige Vermögensverwaltungsstrategie, die Ihre individuellen finanziellen Voraussetzungen und Ziele berücksichtigt und übereinbringt. Manchmal jedoch stehen Voraussetzungen und Ziele im Widerspruch zueinander – sprich: Ihr Vermögen ist zu klein fürs große Konzept. Konkret gilt hier die Faustregel: Eine individuelle Vermögensverwaltung ist erst ab einem Vermögen von etwa einer Million Euro aufwärts wirklich sinnvoll. Ein Grund sind die Kosten, die sich sowohl aus Kunden- als auch aus Verwaltersicht rechnen müssen. Ein weiterer wichtiger Grund für eine Mindestgröße an Kapitalvermögen besteht darin, dass manche Konzepte sich mit zu wenig Geld einfach nicht sinnvoll umsetzen lassen. Denn in den Kundenportfolios der meisten Vermögensverwalter finden sich im Wertpapierbereich überwiegend Direktinvestitionen in einzelne Aktien und Anleihen. Gerade bei Anleihen sind Einzelinvestitionen bei kleineren Vermögen nahezu unmöglich: Bei interessanten Anleihen zum Beispiel bewegen sich die Mindeststückelungen manchmal im 100.000-Euro-Bereich oder darüber. In einem individuell verwalteten Kundenportfolio können solche Papiere deshalb erst ab einem gewissen Vermögen ins Portfolio aufgenommen werden. Oder in konkreten Zahlen: Wer insgesamt nur 50.000 Euro an eigenem Vermögen anzulegen hat, ist hier schnell außen vor.

Aber welcher Vermögensverwalter erklärt seinem Kunden schon gerne, er sei leider nicht reich genug für eine professionelle Vermögensverwaltung? Die Lösung für das Problem sind Fonds, die von den Vermögensverwaltern selbst managt werden und in die sie ihre Expertise und ihre strategischen Grundsätze einfließen lassen. Die Fonds werden in der Regel zu Stückpreisen angeboten, die sich auch Otto Normalverbraucher leisten kann.

Beide Seiten profitieren davon: Auf der einen Seite erreichen Vermögensverwalter mit solchen Fonds auch Kunden unterhalb kritischer Vermögensgrößen. Auf der anderen Seite bekommen Käufer der Fonds zwar kein individuell abgestimmtes Konzept, aber immerhin spiegelt die Strategie der Fonds die Anlagephilosophie der Verwalter wider.

Vermögensverwalterfonds als Sparplan

Vermögensverwalterfonds sind sogar als Sparplan empfehlenswert. Ob ein bestimmter Vermögensverwalterfonds als Sparplan angeboten wird, muss man bei seiner Hausbank oder seiner Direktbank erfragen. Je nach Bank werden Sparpläne schon ab 50 Euro angeboten. Ehrlicherweise muss man aber einschränken: Oft sind Sparpläne erst ab einer höheren Sparrate sinnvoll, das gilt übrigens nicht nur für Vermögensverwalterfonds. Schuld daran sind die Sparplangebühren, die zum Ausgabeaufschlag des jeweiligen Fonds hinzukommen. Die Gebühren sind oft fix, unabhängig von der Sparrate. Der Ausgabeaufschlag dagegen liegt bei Aktienfonds in der Regel zwischen 5,0 und 5,5 Prozent. Berechnet eine Bank für einen Sparplan sowohl fixe Gebühren, zum Beispiel 5 Euro, als auch den vollen Ausgabeaufschlag, gehen bei einer Sparrate von monatlich 50 Euro sofort rund 15 Prozent der Sparsumme an die Bank. Das muss ein Fonds der Börse erst einmal verdienen. Also Augen auf: Es gibt auch faire Angebote mit niedrigen fixen Kosten. Manche Vermögensverwalterfonds werden auch ohne Ausgabeaufschlag vertrieben. Das liegt übrigens in der Hand der jeweiligen Bank, die den Fonds verkauft, und nicht in der Hand des Vermögensverwalters, der den Fonds managt.

Ein Blick unter die Motorhaube

Als Anleger haben Sie normalerweise ein vorrangiges Interesse: Sie möchten, dass sich das angelegte Kapital vermehrt. Das ist nachvollziehbar. Man muss auch nicht im Detail verstehen, wie ein Otto- oder Dieselmotor funktioniert, der das Auto antreibt, in dem man gerade sitzt. Aber sagen wir mal so: Es schadet nicht, auch etwas über die Hintergründe zu wissen, wie Vermögensverwalterfonds gebaut sind. Was dahintersteckt. Wie das Geld verwaltet wird. Wie sicher solche Fonds tatsächlich sind. Wenn Ihnen das alles tatsächlich egal ist, dürfen Sie den folgenden kleinen Ausflug in die Tiefen von Fondskonstruktionen gerne überspringen. Aber sagen Sie hinterher nicht, Sie hätten von nichts gewusst.

Sie sind noch dabei? Prima. Dann erfahren Sie nun, warum die Zahl der von Vermögensverwaltern gemanagten Fonds stetig zunimmt. Der simple Grund: Es ist in den vergangenen Jahren immer leichter geworden ist, einen Fonds an den Start zu bringen. Es ist noch gar nicht so lange her, da bedeutete es eine Menge Aufwand, einen Fonds aufzusetzen und zu managen. Es ist ja schließlich nicht so, dass man als Fondsanbieter einfach nur Wertpapiere kauft und verkauft und das Ganze dann irgendwie in Stücken anbietet. Es ist deutlich komplizierter. Der Fonds muss über Banken und Sparkassen vertrieben werden, die Wertpapiere des Fonds müssen bei mindestens einer Depotbank gelagert und verwaltet werden. Dazu kommen ein aufwändiges Risikomanagement und die Umsetzung regulatorischer Vorgaben und so weiter. All diesen Aufwand nehmen Unternehmen wie Berenberg, NFS Netfonds, Hauck & Aufhäuser sowie Hansainvest und Universal Investment, die beiden Marktführer im Segment für kleinere und mittelgroße Fondsboutiquen, den Vermögensverwaltern und anderen Fondsanbietern heute ab. Die oben genannten Unternehmen nennt man übrigens Service-KVGs. Das KVG steht für Kapitalverwaltungsgesellschaft. Der „Service“ besteht in diesem Fall darin, dass die oben genannten Unternehmen je nach Wunsch des Vermögensverwalters die Administration, das Risikomanagement und das Portfoliomanagement unterstützen und unter Umständen auch den Vertrieb des Fonds übernehmen. Sie kümmern sich um die Zulassung und den regelkonformen Betrieb.

Dieser Service wird zunehmend gerne angenommen. Das Geschäft mit den Vermögensverwalterfonds läuft gut. So ist etwa die Service-KVG bei der Hansainvest der Geschäftsbereich mit den höchsten Zuwachsraten innerhalb des Unternehmens.

Auch aus Sicht der Vermögensverwalter ist diese Entwicklung positiv. Sie können sich als Initiatoren von Fonds aussuchen, wie viel Verantwortung und Arbeitsaufwand sie an die jeweilige Service-KVG abgeben wollen. Eine Komplettauslagerung des Fondsgeschäfts ist dabei für sie die komfortabelste Lösung, auch wenn nicht jeder Verwalter das Fondsmanagement komplett aus der Hand geben will.

Verschiedene Outsourcing-Modelle

Komplettauslagerung

Im Falle einer Komplettauslagerung lautet das All-inclusive-Versprechen der Service-KVGs wie folgt: Vermögensverwalter als Fonds-Initiatoren können sich auf das konzentrieren, was sie am besten können: nämlich die Auswahl treffen, welche Wertpapiere ins Portfolio aufgenommen und welche wieder verkauft werden sollen. Unter Gesichtspunkten der Regulierung hat die Komplettauslagerung für Initiatoren den Vorteil, dass sie einen Beratungsvertrag mit der Service-KVG abschließen. Sie agieren also nicht als Portfolioverwalter und Manager des Fonds, sondern nur als Berater. Offizieller Portfoliomanager mit allen damit einhergehenden administrativen und Haftungsverpflichtungen ist somit die Service-KVG. Die Service-KVG sorgt durch die Überwachung der Kauf- und Verkaufsaufträge dafür, dass beim Kauf und Verkauf von Wertpapieren keine Fehler passieren, die unter regulatorischen Gesichtspunkten oder unter Risikomanagementaspekten kritisch wären. Als Berater benötigen die Initiatoren genau genommen nicht einmal eine eigene Vermögensverwalter-Lizenz.

Teilauslagerung

Vermögensverwalter können, wenn sie nicht alle administrativen Aufgaben aus der Hand geben wollen, die Service-KVG natürlich auch ausschließlich dafür nutzen, die Fondsstruktur bereitzustellen. Dazu gehören unter anderem die Erstellung des Fondsprospekts, die Zulassung bei der Bundesanstalt für Finanzdienstleistungsaufsicht (BaFin) und die Organisation der Verwahrung der Wertpapiere bei einer Depotbank. Voraussetzung für dieses Modell ist, dass der Vermögensverwalter eine Erlaubnis der BaFin zur Finanzportfolioverwaltung gemäß § 32 Absatz 1 KWG besitzt. Diese Lizenz erlaubt es dem Initiator als Fondsmanager, Orders selbst zu überprüfen und sie direkt an den Wertpapierhändler zu geben. Bei Vermögensverwaltern sollte man gemeinhin von dieser Erlaubnis ausgehen. Wenn es bei Fonds auch um mehr als nur Wertpapiere geht, also beispielsweise auch um das Thema Immobilien, gibt es allerdings Einschränkungen. Diese spezielle Erlaubnis haben die wenigsten Vermögensverwalter. Für Vermögensverwalter, die ohne die entsprechende Lizenz das Thema Immobilien trotzdem angehen wollen, bietet der Markt immerhin eine Alternative: Fonds, die Immobilien managen, können, wenn es der Fondsprospekt erlaubt, schließlich anstelle von Immobilien auch in ein reines Wertpapierportfolio aufnehmen.

Due Dilligence als Pflicht

Ganz gleich, für welches Modell sich Initiatoren entschließen und wie weit sie administrative Prozesse auslagern: Den Aufwand für den Start eines Fonds sollte man nicht unterschätzen. Bevor ein Fonds der BaFin vorgestellt wird, durchleuchtet die Service-KVG den Initiator auf Herz und Nieren. So wird zum Beispiel geprüft, ob es einen Track Record für die Strategie des Vermögensverwalters gibt. Mit anderen Worten: Kann der Vermögensverwalter eine Berechnung vorweisen, wie sich sein Fonds in der Vergangenheit mit seiner Strategie entwickelt hat oder – falls es sich um eine neu entwickelte Strategie handelt – entwickelt hätte.

Der Vermögensverwalter muss offenlegen, wie das Portfolio aussieht und welche Ressourcen zur Verfügung stehen – sprich: Gibt es bereits Zusagen von Kunden, in den Fonds zu investieren? Welches Volumen wird bereits verwaltet? Eine andere Frage lautet, über welchen Betrag eine Vermögenshaftpflichtversicherung besteht. Wer diesen Fragenkatalog zur Zufriedenheit der Service-KVG durchläuft, kann damit rechnen, dass der Fonds innerhalb von vier bis acht Wochen in den Vertrieb gehen kann.

Die Kosten: Minimalkosten und die Frage der Fondsgröße

Je nach Fondsart, Fondsgröße und KVG-Dienstleister variieren die jährlichen Kosten für die Auflage eines Fonds etwa zwischen 40.000 und 80.000 Euro. Geschätzt etwa die Hälfte der Kosten entfällt auf die Service-KVG, ein Drittel der Kosten wird für die Verwahrstelle fällig. Der Rest setzt sich aus vielen Einzelposten zusammen – dazu zählt nicht zuletzt auch der gestiegene Aufwand, der durch die strengere Regulierung entstanden ist. Ein Nebenaspekt davon: Die Liquidität eines Fonds muss auf mindestens drei Banken verteilt werden, aus Sicherheitsgründen. Das kostet. Ebenso wie die Abwicklung der Quellensteuer oder Unterkonten für Fremdwährungen.

In der Regel wird zwischen Service-KVG und Initiator eine fixe Basisgebühr plus einer volumenabhängigen Fee vereinbart. Hört man sich im Markt um, liegt das Minimum an jährlichen Kosten unterm Strich bei etwa 40.000 bis 45.000 Euro, unabhängig von der Fondsgröße. Konkret bedeutet das: Erst ab einem Volumen von etwa 10 bis 15 Millionen Euro beginnt ein Fonds, sich für den Initiator zu rechnen. Die sehr einfache Faustregel lautet entsprechend: Je größer das Fondsvolumen, desto größer die Rendite für dessen Betreiber.

Als Anleger sollten Sie deshalb auch die Größe von Vermögensverwalterfonds im Blick behalten: Fonds mit geringem Volumen sind schneller von der Schließung bedroht, einfach weil Vermögensverwalter natürlich kein Interesse daran haben, mit ihren Fonds Verluste einzufahren.

Der kurze Weg zum Point of Sale

Vermögensverwalterfonds sind kein Massenprodukt. Nur wenige dieser Fonds finden sich in den Verkaufslisten von Banken und Sparkassen wieder. Das liegt zum einen daran, dass große Vertriebseinheiten mit hohen Absatzzahlen rechnen müssen. Viele Fonds fallen deshalb durch das Raster der großen Banken, weil sie einfach zu kleine Volumina haben und bei einer zu hohen Nachfrage Probleme mit der Umsetzung hätten. Insbesondere Fonds, deren Manager auch in weniger liquide Nebenwerte investieren, wären schlicht überfordert, ihre eigene Strategie durchzuziehen. Nicht zu vernachlässigen ist natürlich der Vertrieb über die Filialnetze von Banken. Allerdings gibt es hier hohe Hürden zu nehmen, zum Beispiel das Fondsvolumen. Je größer das verwaltete Vermögen, desto größer die Chance, überhaupt in die Vertriebspools der Banken aufgenommen zu werden. Die inoffizielle Hürde liegt bei etwa 100 Millionen Euro. Doch selbst wenn ein Vermögensverwalterfonds in diese Liga aufsteigen sollte, ist das keine Garantie für eine erfolgreiche Kooperation mit den Banken. Denn trotz verschärfter Regulierung, Offenlegung von Kosten und hohen Transparenzanforderungen im Rahmen der europäischen Finanzmarktregulierung (MiFID II) bleibt die Tendenz der etablierten Finanzinstitute ungebrochen, vor allem ihre eigenen Produkte zu verkaufen.

Trotzdem können Fondsanbieter und Anleger zusammenfinden. Ein wichtiger Vertriebskanal für kleinere und mittelgroße Fonds sind die rund 37.000 selbstständigen, gewerblich tätigen Finanzanlagenvermittler, die gemäß Paragraf 34f offene Investmentfonds verkaufen dürfen. Einige Service-KVGs bieten ihren Kunden hilfreiche Kontakte in diese Szene an. So veranstaltet etwa Universal Investment regelmäßig Roadshows, zum Beispiel die „UI Hidden Champions Tour“: In sechs Städten dürfen sechs Vermögensverwalter ihre Produkte jeweils 50 bis 100 Finanzanlagenvermittlern präsentieren. Dafür haben sie jeweils eine halbe Stunde Zeit.

Die NFS Netfonds wiederum verweist im Rahmen ihrer Service-KVG-Dienste auf ihre eigenen engen Kontakte zu Finanzvermittlern. Hintergrund: NFS bietet sich nicht nur als Service-KVG für Fonds an. Finanzberater und Vermögensverwalter können unter dem Haftungsdach der NFS ihr Geschäft betreiben und dort administrativen Aufwand wie regulatorische Aufsicht oder Compliance und Revision an NFS auslagern. Diese Finanzdienstleister sind zugleich auch die Zielgruppe für den Verkauf von Vermögensverwalterfonds. Mit anderen Worten: Wenn Sie als Anleger einen guten Vermögensverwalterfonds suchen, finden Sie ihn im Zweifel bei einem der zahlreichen Finanzanlagenvermittler oder Honorarberater. Auch hier gilt wie immer: Preise und Service vergleichen lohnt sich.

Wikifolio und das Vermögensverwalterzertifikat

Auch wenn es in den vergangenen Jahren leichter geworden ist, einen Fonds aufzusetzen, bleibt es für Vermögensverwalter immer noch vergleichsweise aufwändig, im Vergleich zu manch anderen Alternativen eigene Finanzprodukte zu kreieren. Die vielleicht trendigste Plattform dafür ist wohl die Social-Trading-Plattform Wikifolio. Die Website macht es möglich, innerhalb einer Stunde ein eigenes Portfolio zu entwickeln und dies nach einem kurzen Testlauf als Zertifikat zu emittieren, falls sich genügend Anleger mit ausreichend Investitionszusagen dafür interessieren. Es gibt mehr als 120 Zertifikate, die von Vermögensverwaltern über Wikifolio angeboten werden.

Wie bei einem Fonds werden hier Wertpapiere in einem Portfolio gesammelt, allerdings nicht als Sondervermögen wie bei einem Fonds, sondern in Form eines besicherten Zertifikats. In der Umsetzung bedeutet das, dass jedes Wikifolio eine Schuldverschreibung ist. Der Wert dieser Schuldverschreibung entspricht dem Portfolio des Wikifolios. Der Emittent, das Unternehmen Lang & Schwarz, sorgt mit der Besicherung und der damit verbundenen Verpfändung von eigenen Wertpapieren und Geldkonten dafür, dass Anleger den Wert ihres Wikifolios ausgezahlt bekommen, auch wenn Lang & Schwarz nicht mehr zahlungsfähig sein sollte. Damit rücken die Zertifikate unter dem Gesichtspunkt der Anlegersicherheit nahe an Fonds heran.

Aus Sicht von Vermögensverwaltern haben Wikifolios gegenüber Fonds einige Vorteile.

Weniger Aufwand

Das Aufsetzen eines Vermögensverwalterzertifikats lässt sich in kürzester Zeit erledigen. Ein Vorsprechen bei der BaFin ist nicht nötig, es gibt keine Aufsicht über Käufe und Verkäufe. Nur eine Vermögensverwalter-Lizenz ist gefragt. Wikifolio trennt hier scharf zwischen Finanzberatern und Vermögensverwaltern. Wer unter der Rubrik Vermögensverwalter-Wikifolio ein Zertifikat emittiert, muss die BaFin-Lizenz zur Finanzportfolioverwaltung vorlegen und bekommt auch nur dann für seine Wikifolios die speziellen Konditionen für Vermögensverwalter. Einige Vermögensverwalter nutzen Wikifolios vor allem intern. Die Zertifikate werden gezielt an eigene Kunden verkauft. Zwar können die Zertifikate theoretisch auch extern eine Wirkung entfalten, mit einem Wikifolio können Vermögensverwalter interessierten Anlegern immerhin ihre Strategie vorführen und das Zertifikat direkt über die Börse EUWAX verkaufen.

Weniger Gewinn

Wikifolios sind in einer Hinsicht eine revolutionäre Entwicklung: Jeder kann ohne viel Aufwand ein Zertifikat emittieren und gegebenenfalls damit Geld verdienen, im Zweifelsfall sogar Sie selbst. Die Gebühren der Papiere lassen sich so steuern, dass der Ertrag, prozentual am Volumen gemessen, vergleichbar mit Fondsgebühren ist. Vermögensverwalter bekommen die Hälfte der jährlichen Gebühren ihres Wikifolios, das sind unterm Strich immerhin 0,475 Prozent per annum. Dazu kommt eine Performancegebühr zwischen 5 und 30 Prozent nach dem High-Watermark-Prinzip. Damit auch nach einer starken Kurskorrektur trotzdem noch etwas für die Vermögensverwalter abfällt, wird diese High Watermark zu jedem Jahresbeginn wieder auf null gesetzt.

Man kann sagen: Einfacher als mit Wikifolio ein Zertifikat zu emittieren, geht kaum. Die Stärke von Wikifolio, nämlich ohne viel Aufwand ein Wertpapier zu entwickeln und zu emittieren, ist jedoch zugleich ein Problem für professionelle Portfoliomanager. Denn wenn etwas so leicht und dazu noch kostenlos ist, geht man schnell in der Masse derjenigen unter, die einfach nur spielen wollen. Konkret: Es gibt derzeit fast 20.000 Wikifolios, darunter befinden sich 120 Vermögensverwalterzertifikate. Die Aufmerksamkeit derjenigen Anleger, die sich dafür interessieren, in Wikifolios zu investieren, ausgerechnet auf diese von Profis gemanagten Papiere zu lenken, ist eine Herausforderung. Das zeigt sich schon daran, dass insgesamt gerade einmal 24 Vermögensverwalter-Wikifolios bisher mehr als 100.000 Euro einsammeln konnten. In gerade einmal drei Zertifikaten sind jeweils mehr als 1 Million Euro investiert. Zum Vergleich: In das volumenstärkste Zertifikat auf der Wikifolio-Website haben Anleger rund 18 Millionen Euro investiert. Auf den Plätzen folgen Wikifolios mit 8 Millionen, 6 Millionen und 4 Millionen Euro. Aber überhaupt nur etwa 30 Wikifolios verwalten mehr als 1 Million Euro. An diesen Zahlen wird deutlich: Vermögensverwalter-Wikifolios generieren zumeist keine großen Volumina, jedenfalls nicht außerhalb des eigenen Kundenstamms.

Für die Vermögensverwalter ist das eine unbefriedigende Situation. Ihnen als Anleger kann das aber egal sein.

Weniger Möglichkeiten

Was Sie als Anleger jedoch wissen sollten: Mit Wikifolios können Vermögensverwalter zwar zeigen, was sie draufhaben, doch eine komplexe Strategie lässt sich damit nicht umsetzen. Das liegt schon allein daran, dass sich in Wikifolios keine Anleihen oder andere Zinspapiere verwalten lassen. In den Zertifikaten können nur die Kursentwicklungen von Aktien, ETFs, Fonds, Hebelzertifikaten und Optionsscheinen abgebildet werden.

Fazit

Mit Vermögensverwalterfonds und Wikifolios können Sie auch mit vergleichsweise geringem Kapitaleinsatz von den Strategien der Vermögensverwalter profitieren. Eine individuelle Beratung und Betreuung haben aber natürlich eine ganz eigene Qualität.

TEIL 3: VERMÖGENSVERWALTER UND IHRE STRATEGIEN

Die liebste schwäbische Kennzahl:
Was am Ende des Jahres hängen bleibt.
MAX SCHOTT

Arne Sand und Max Schott – Sand und Schott GmbH

ZWEI SCHWABEN UND IHRE DIVIDENDENSTRATEGIEN

Unsere erste Station auf der Suche nach pfiffigen Vermögensstrategen führt uns nach Stuttgart. Hier treffen wir Arne Sand und Max Schott. Arne Sand ist in Mexiko, Südafrika und Deutschland aufgewachsen, bevor er endgültig im Herzen des Schwabenlandes sesshaft geworden ist. Schwabe bleibt eben Schwabe. Der studierte Elektrotechniker ist ein typischer Ingenieur. Er hat Spaß daran, Daten zu sortieren, zu filtern und Informationen daraus zu ziehen, die nicht auf den ersten Blick ersichtlich sind. Ein Zahlenfreak, der über kleine Umwege zum Thema Finanzen fand. Dann aber hat es ihn richtig gepackt. Aus Datenströmen der Vergangenheit Wertpapierprognosen für die Zukunft zu treffen, ist für ihn eine Freude. Quantitative Analyse ist sein Ding. Besonderen Spaß hat er an der Risikobewertung von Wertpapierportfolios. Man muss das mögen. Er mag es. Und er hat einen Geschäftspartner gefunden, mit dem er 1994 gemeinsam die unabhängige Vermögensverwaltung Sand und Schott GmbH in Stuttgart gegründet hat.

Max Schott, Bankkaufmann, zwei Jahre lang Unternehmensberater bei McKinsey, Autohändler in vierter Generation. Letzteres eher unfreiwillig. Der Vater stirbt. Sohn Max übernimmt das Geschäft. Das Autobusiness macht ihm keinen Spaß. Anders das Thema Vermögensmanagement. Schott verkauft die vier Autohäuser und widmet sich voll und ganz dem neuen Gemeinschaftsunternehmen Sand und Schott. Nebenbei promoviert er noch in der Kapitalmarkttheorie zum Dr. oec. Im Jahr 2007 wird das institutionelle Investmentmanagement auf die neu gegründete smart-invest GmbH übertragen. Die beiden Gründer und ihr 20-köpfiges Team betreuen heute ein Vermögen von etwa 500 Millionen Euro. Mit Arne Sand und Max Schott sitzen uns zwei Spezialisten für das Thema Dividendenstrategien gegenüber. Die beiden haben zusammen ein Buch geschrieben: *Die besten Dividendenaktien*. Es ist 2018 bereits in der 3. Auflage erschienen – ein Bestseller.

Sand und Schott ergänzen sich kongenial

Wir besuchen die beiden Vermögensverwalter in ihrem Büro in der Stuttgarter Innenstadt. Büropark in guter Lage, ein großzügig geschnittenes Ambiente im Inneren. Stuttgart ist für uns ein gutes Beispiel für einen dauerhaft intakten Immobilienmarkt. Im bundesweiten Vergleich sind die Preise für Wohnungs- und Büroimmobilien zwar vergleichsweise hoch. Doch hier zählt tatsächlich Lage, Lage, Lage. Schon aufgrund der Topografie kann Stuttgart nicht endlos wachsen. Es wird immer ein enges Angebot auf größere Nachfrage treffen, solange die Rahmenbedingungen stimmen: große Firmen in und rund um Stuttgart, eine Bevölkerung mit vergleichsweise hohem Durchschnittseinkommen, hohe Lebensqualität durch ein großes kulturelles Angebot, viel Grün in der Stadt, ein attraktives Freizeitangebot und viel Landschaft drum herum. Nicht zu vergessen: Die strategisch günstige Lage im Südwesten der Republik, eine gute Verkehrsanbindung – und die Sache mit dem Bahnhof bekommen sie sicher auch noch hin.

Wir treffen uns mit Arne Sand und Max Schott in ihrem Besprechungsraum. Man mustert sich freundlich. Schwaben brauchen ja manchmal ein wenig Anlauf. Doch der Bann ist schnell gebrochen, als wir ins Gespräch kommen. Sand und Schott ergänzen sich kongenial, das merken wir schnell. Als wir die beiden danach fragen, wie sie sich die Verantwortlichkeiten im gemeinsamen Unternehmen untereinander aufteilen, antwortet Max Schott prompt: „Ich mache alles, was Arne keinen Spaß macht.“ Wir beiden Immobilienprofis sehen uns an und müssen lächeln. Wir kennen diese Arbeitsaufteilung irgendwoher.

Frank: Herr Sand, wie sind Sie als Ingenieur eigentlich zum Thema Börse gekommen?

Arne Sand: Naja, es ist eher umgekehrt. Die Frage müsste lauten: Warum habe ich den Umweg über die Naturwissenschaften gemacht? Denn ich wollte ursprünglich Börsenmakler werden. Das Thema Börse hat mich schon früh fasziniert. Aber die Familientradition hat sich zunächst durchgesetzt. Alle meine Vorfahren waren Ingenieure. Also habe ich auch erstmal Ingenieurwesen studiert, das fiel mir auch leicht durch meinen Spaß an der Mathematik. Mein Weg war dann eigentlich schon vorgezeichnet. Ich habe eine Zeit lang fürs Max-Planck-Institut gearbeitet und dort zum Beispiel eine Messwert-Erfassungs-Software geschrieben. Aber mein Faible für die Börse blieb. Der Schritt von der Messwerte-Erfassungs-Software hin zu Software für Portfoliorisikobewertung und Trendfolge-Handelssystemen war dann gar nicht so groß. Vor allem, wenn man Spaß daran hat.

Hagen: Spaß an Risikobewertung und Trendfolge?

Arne Sand: Warum nicht? Mathematik gegen Bauchgefühl: Das ist an der Börse ein Erfolgsrezept.

Frank: Ist ein gutes Bauchgefühl nicht auch manchmal der bessere Weg zum Erfolg an der Börse?

Arne Sand: Ich weiß ja nicht, wie es im Immobilienbusiness aussieht ...

Frank: Zugegeben, da sollte man auf Fakten, blanke Zahlen und Erfahrung vertrauen. Und sich natürlich die Umgebung und die Immobilien genau ansehen.

Arne Sand: Im übertragenen Sinne ist das mit Wertpapieren nicht anders. Man schaut sich den Gesamtmarkt, die Branche und die einzelnen Aktien an. Das tut man systematisch, nicht emotional. Menschen verhalten sich aus dem Bauch heraus nicht besonders klug, wenn es um das Thema Geld geht. Die meisten Menschen sind sogar richtig schlechte Anleger. Vielleicht hängt das mit unserer Geschichte aus der Urzeit zusammen. Vor ein paar Tausend Jahren war es sicherlich sinnvoll, möglichst in der Mitte der Gruppe zu marschieren. Da drohte weniger Gefahr. Und es war bestimmt auch eine gute Idee, alles hinzuschmeißen, was man in der Hand hielt, und so schnell wie möglich wegzurennen, wenn Gefahr in Verzug war. Wer will schon von einem Säbelzahntiger aufgefressen werden? Unsere Psyche und unser Körper sind hier noch auf Urinstinkte programmiert. Adrenalin kann in Gefahrensituationen sehr hilfreich sein. Aber nicht unbedingt an der Börse. Hier gilt: Wer einen kühlen Kopf behält und analytisch statt emotional vorgeht, ist eindeutig im Vorteil. Denn irgendwo zwischen Angst und Gier liegt der nüchterne Gewinn. Da sehe ich meine Stärke als Systementwickler. Ich schaue auf die Zahlen. Die lügen nicht.

Hagen: Wenn ich mir die Entwicklung der vergangenen 20 Jahre ansehe, habe ich den Eindruck, dass uns Zahlen mittlerweile eher verwirren, als uns zu helfen. Heute ist so unendlich viel Zahlenmaterial jederzeit verfügbar. Jeder hat Zugriff darauf. Und das wird ja auch genutzt. Das sieht man ja, wenn es an der Börse mal wieder kracht. Früher hieß es dann: Die Anleger sind in Panik verfallen. Heute heißt es: Die Maschinen haben versagt.

Arne Sand: Es stimmt schon, etwa 90 Prozent des Börsenhandels werden mittlerweile von Computersystemen abgewickelt. Aber diese Systeme werden von Menschen programmiert. Und die meisten von ihnen versuchen sich an einem ultimativen System, das möglichst immer Gewinne erwirtschaftet, in jeder Marktphase. Das ist schon rein mathematisch ein Rattenrennen, das keiner gewinnen kann. So sorgt „Mister Market" automatisch dafür, dass man immer in Bewegung bleiben und sein Handelssystem immer wieder korrigieren muss. Denn wenn tatsächlich mal ein System überragend gut funktioniert, können Sie davon ausgehen, dass es schnell Nachahmer gibt. Und dann ist der Effekt dahin. Es gibt an der Börse eben keinen Stillstand.

Frank: Und was ist Ihr Rezept, um die spannendsten Aktien zu finden?

Max Schott: Wie gesagt: Es gibt keine Garantie für den Erfolg an der Börse. Aber man kann schon systematisch die Wahrscheinlichkeit dafür erhöhen. Das fängt schon im Gespräch mit unseren Kunden an: „Erfolg" bedeutet ja für jeden etwas anderes. Um das geeignete Portfolio für einen Kunden zu definieren, müssen wir erstmal erfragen, wie die Risikotragfähigkeit des Kunden aussieht.

Hagen: Er sagt also, ob er sein Geld eher riskant oder vorsichtig verwaltet wissen will.

Max Schott: So einfach ist das leider nicht. Wenn ein Kunde nur pauschal gefragt wird, ob er „risikoreich" oder „risikoarm" anlegen möchte, bleiben gleich mehrere Zielkonflikte ungelöst. In Bezug auf Anlageziel, Risikobereitschaft, Risikobudget und Risikotragfähigkeit muss geklärt werden, wo die Prioritäten liegen. Um hier einen möglichst genauen Eindruck zu bekommen, nutzen wir einen wissenschaftlich basierten Fragebogen. Denn oft ist die subjektiv wahrgenommene Einstellung zum Risiko ganz anders als nach der objektiven Auswertung unseres Fragebogens. Das Ergebnis gleichen wir ab mit dem Ist-Zustand und dem Soll-Zustand.

Frank: Also, was ich habe und was ich haben will?

Max Schott: So in etwa. Der Ist-Zustand verzeichnet detailliert, welche Vermögenswerte beim Kunden aktuell vorhanden sind, welche laufenden und einmaligen Einkünfte vorhanden und zu erwarten sind. Der Soll-Zustand beschreibt die Anspruchsbilanz: Wie hoch sind die Ansprüche für das Leben im Alter? Wie viel Geld soll laufend und/oder einmalig zur Verfügung stehen? Für den Weg vom Ist zum Soll können wir die passende Strategie entwickeln. Und da hilft uns eben der Fragebogen. Denn oft ergeben sich deutliche Diskrepanzen zwischen der Rendite, die nach der ermittelten Risikotragfähigkeit angemessen wäre, und der Rendite, die zum Erreichen des geplanten Einkommens nötig wäre.

Hagen: Nehmen wir mal an, das sei nun geklärt: Wie finden Sie die passenden Wertpapiere fürs Portfolio des Kunden?

Max Schott: Wir filtern systematisch die aussichtsreichsten Aktien heraus. Das funktioniert folgendermaßen: Am Anfang steht ein Universum von ungefähr 3.000 Aktien von überwiegend europäischen und US-amerikanischen Unternehmen, für die transparente, verlässliche und vor allem vergleichbare Berichtsstandards gelten. Das ist Grundvoraussetzung dafür, dass wir die Unternehmen anhand identischer Kriterien bewerten und miteinander vergleichen können.

Arne Sand: Im zweiten Schritt schauen wir, welche Unternehmen über einen langen Zeitraum stabile Dividendenzahlungen geleistet haben – mindestens über einen Konjunkturzyklus hinweg. Das gibt uns eine gewisse Prognosesicherheit. Unternehmen mit erwiesenermaßen solider Dividendenhistorie ändern normalerweise nicht überraschend ihre Ausschüttungspolitik. In diesem zweiten Filterschritt bleiben etwa 800 interessante Aktien übrig.

Max Schott: Im dritten Schritt bleibt nur etwa die obere Hälfte dieser Unternehmen übrig. Das sind die Konzerne mit einer überdurchschnittlichen Dividendenrendite.

Arne Sand: Dann folgt nochmal ein Liquiditätsfilter. Da fließen solche Kriterien ein wie Marktkapitalisierung und ein hohes Handelsvolumen. Aktien sollen ohne nennenswerten Einfluss auf den Kurs jederzeit gekauft und verkauft werden können. In diesem Schritt fallen nochmal rund 100 Aktien durchs Raster.

Max Schott: Ein Bewertungsfilter ist der nächste Schritt. Wir möchten nicht in überteuerte Unternehmen investieren, deren Aktien dann ein hohes Korrekturpotenzial haben.

Arne Sand: Am Ende bleiben vielleicht noch 75 Unternehmen übrig, die wir uns dann sehr detailliert ansehen. Wir analysieren die Bilanzkennzahlen, Gewinne und Verluste, Kapitalflussrechnung, Wachstumstendenzen, wir überprüfen die Marktposition sowie die Nachhaltigkeitskriterien. Letzteres wird immer wichtiger. Zum einen, weil die Anleger das fordern, aber auch, weil der Gesetzgeber zunehmend Wert darauf legt.

Frank: Gibt es eine Kennzahl, die Ihnen besonders wichtig ist?

Max Schott: Isoliert betrachtet kann eine Kennzahl schnell in die Irre führen. Selbst die Dividendenrendite kann täuschen. Da muss man zum Beispiel schauen, ob das Unternehmen die Dividenden in den vergangenen Jahren ausschließlich aus Gewinnen oder auch aus der Substanz bezahlt hat. Man muss also immer das ganze Bild im Blick haben. Aber wenn Sie mich schon nach einer Lieblingskennzahl fragen, dann nenne ich den Free Cash Flow. Das ist quasi das, was am Ende des Jahres nach Abzug von allen Ausgaben hängen bleibt. Das ist nicht nur meine, sondern überhaupt – glaube ich – die liebste schwäbische Kennzahl. Ich mag diese Kennzahl

Dividenden-Aristokraten, die über mehr als 60 Jahre hinweg ihre Dividenden jährlich erhöht haben:

Unternehmen	ISIN	Dividendensteigerungen seit Jahren
American States Water	US0298991011	64
Dover Corporation	US2600031080	63
Genuine Parts	US3724601055	63
Northwest Natural Gas	US6676551046	63
Parker-Hannifin	US7010941042	63
Procter & Gamble	US7427181091	63
Emerson Electric	US2910111044	62
3M	US88579Y1010	61

auch deshalb, weil sie durch Bilanztricks praktisch nicht manipulierbar ist.

Hagen: Als Kunde bekomme ich bei Ihnen also – unter Berücksichtigung meiner Risikotragfähigkeit und meiner persönlichen Ziele – ein Portfolio zusammengestellt, in dem vor allem Aktien dividendenstarker Großkonzerne mit solider Bilanz drinstecken. Ach ja, und die Dividenden werden allein aus dem Free Cash Flow bezahlt und nicht aus der Substanz. Ganz die schwäbische Art.

Arne Sand: Es gibt ja nicht nur Aktien, sondern auch andere Anlageklassen. Aber wenn es um Aktien geht, trifft Ihre Zusammenfassung das im Großen und Ganzen ganz gut. Zwar sehr verkürzt, aber doch, so kann man das auf einen Nenner bringen.

Hagen: Sind Dividenden also die neuen Zinsen?

Max Schott: Moment. Das sollten wir nicht zu sehr verkürzen. Zinsen sind regelmäßige, von vornherein fest definierte Zahlungen, zu denen sich die Schuldner verpflichten. Sind die Schuldner nicht mehr zahlungsfähig, ist das ein Sonderfall. Dann wird verhandelt. Oft macht das ein Insolvenzverwalter. Dividenden dagegen sind

Gewinnausschüttungen, auf die die Aktionäre kein Recht haben. Und sie können je nach Geschäftsentwicklung des betreffenden Unternehmens und Dividendenpolitik schwanken. Fällt der Gewinn eines Unternehmens deutlich niedriger aus als erwartet, können Dividenden sogar schon mal komplett gestrichen werden. Das mussten beispielsweise RWE-Aktionäre erfahren, als die Konzernleitung vor ein paar Jahren zum ersten Mal eine Nullrunde bei der Dividendenzahlung bekanntgab. Die über Jahre hinweg an hohe Ausschüttungen gewöhnten Aktionäre des Stromkonzerns mussten lernen, dass selbst historisch stabile Gewinnmargen nicht für alle Zeiten stabil bleiben – zum Beispiel, wenn im Fall der Stromkonzerne eine ganze Branche ins Straucheln gerät. Insofern gilt: Ja, Dividenden von Unternehmen mit langer Dividendenhistorie können dazu beitragen, regelmäßig Einnahmen zu erzielen – ähnlich, wie dies mit Zinsen möglich wäre. Aber Dividenden und Zinsen sind zwei Paar Schuhe.

Frank: RWE scheint also nicht gerade Ihre Lieblingsaktie zu sein.

Max Schott: Nein.

Hagen: Gibt es denn Unternehmen, die Sie besonders mögen?

Arne Sand: Wie gesagt, wir gehen da ohne Emotionen ran. Aber es gibt schon Unternehmen, die auch einen Zahlenmenschen wie mich beeindrucken können. BASF gehört dazu. Das ist ein tolles Unternehmen, das bereits über Jahrzehnte hinweg solide wirtschaftet, kontinuierlich wächst und hohe Dividenden ausschüttet – auch wenn es aktuell eine kleine Durststrecke gibt. Größere Kursschwankungen der Aktienpreise sind eben auch bei einem Unternehmen wie BASF möglich. Das ist eben ein weiterer Unterschied zu Anleihen. Eine Anleihe wird regelmäßig am Ende der Laufzeit zu 100 Prozent zurückbezahlt. Des Deutschen liebste Aktie hingegen, die BASF, hat in der Finanzkrise 2007 bis 2009 auch schon rund 60 Prozent verloren. Als Aktionär lehnt man sich trotzdem erstmal zurück und verdient langfristig gutes Geld. So soll es sein.

Max Schott: Ein anderes Beispiel ist Texas Instruments, ein hochprofitabler Konzern, der hervorragend gemanagt wird, und das schon seit Jahrzehnten. Die konzentrieren sich auf ihre Stärken und wirtschaften solide.

Arne Sand: Was wir beide grundsätzlich gut finden, sind die sogenannten Dividenden-Aristokraten. Das sind Aktien von Unternehmen, die ihre Dividendenausschüttung über mindestens 25 Jahre hinweg ununterbrochen kontinuierlich angehoben haben. Das sind Unternehmen wie Procter & Gamble oder 3M. Diese Unternehmen haben über mehr als 60 Jahre hinweg ihre Dividenden jedes Jahr erhöht. Unternehmen, die so etwas schaffen, können uns in der Tat beeindrucken.

Frank & Hagen: Herr Schott, Herr Sand, wir danken Ihnen für das nette und informative Gespräch.

Die älteste und bekannteste Dividendenstrategie: Dogs of the Dow

Dividendenstrategien sind in den vergangenen Jahren immer beliebter geworden. Der Grund ist einfach der, dass Anleihen aufgrund der Niedrigzinspolitik der Zentralbanken kaum noch positive Renditen abwerfen. Unternehmen, deren Aktien hohe Dividendenrenditen (Dividende pro Aktie geteilt durch den Aktienkurs) bieten, scheinen da eine interessante Alternative zu Anleihen zu sein. Ein einfacher Weg, in dividendenstarke Unternehmen zu investieren, ist die sogenannte „Dogs of the Dow“-Strategie, die auch als ETF oder Fonds existiert. Der Vorteil von Fonds oder ETFs: Man muss sich als Anleger nicht auf die Suche nach einzelnen Aktien machen, sondern investiert eben nur in ein Wertpapier, das die Strategie umsetzt. Die Idee dahinter: Es werden jeweils zu Jahresbeginn zehn Aktien ausgewählt, die im US-Leitindex Dow Jones die höchsten Dividendenrenditen aufweisen. Diese zehn Titel werden dann ein Jahr im Portfolio gehalten. Diese Prozedur wird im darauffolgenden Januar wiederholt und so weiter. Das Ziel ist es, eine höhere Rendite zu erzielen als alle Aktien des Dow-Jones-Index. So weit die Grundidee. Sie lässt sich natürlich auf jedes andere Börsenbarometer übertragen. Ein „Dogs of the DAX" ist also ebenso denkbar. Da gibt es sogar bereits eine von der Deutschen Börse erfundene Alternative, einen Index: den DivDAX. Darin sind die 15 dividendenstärksten Aktien des DAX enthalten.

Klingt zu einfach und zu gut, um wahr zu sein

Die Dogs-of-the-XY-Strategie klingt sehr einfach und überzeugend. Und oft funktioniert sie auch. Aber blindes Dividendenjagen kann riskant sein, klärt uns Max Schott im Gespräch auf. Denn der Grund für eine hohe Dividendenrendite kann auch ein tiefer Aktienkurs sein. Daher hat die „Dogs of the Dow"-Strategie ja sogar ihren Namen. Es handelt sich hier oft um unterbewerte oder tief gefallene Aktien – also die Hunde des Index. Die Idee: Solche Aktien sollen im Folgejahr für eine Gegenbewegung sorgen. Das Problem dabei: Nicht selten sind Aktien niedrig bewertet, weil das einen guten Grund hat, und nicht, weil sie zu niedrig bewertet sind. Eine hohe Dividendenrendite kann also auch einfach nur Ausdruck von Problemen sein, die ein Unternehmen hat.

Steckbrief

Sand und Schott GmbH

Geschäftsführung: Dipl.-Ing. Arne Sand (li.) und Dr. Max Schott (re.)
Gründungsjahr: 1994
Anzahl der Verwalter: 7, insgesamt 14 Mitarbeiter
Verwaltetes Vermögen: circa 450 Millionen Euro
Höhe des erforderlichen Anlagevolumens: ETF-Fonds-basiert: 250.000 Euro, Einzelwerte Aktien ab 500.000 Euro
Kunden-Zielgruppe: Vermögende Privatkunden und Unternehmer, Stiftungen
Dienstleistungsangebot: Vermögensverwaltung, strukturierte Vermögensanalyse und Finanzplanung, Messung und Berücksichtigung der individuellen Risikotragfähigkeit, aktives Risikomanagement, Nachfolgeplanung
Spezielle Kompetenzen: eigene Analysen und eigenes Research, Schott und Sand internationale Dividendenstrategie, Asset-Allokation nach modernen wissenschaftlichen Erkenntnissen, Wertsicherungskonzepte
Adresse: Adlerstraße 31, 70199 Stuttgart
Telefon: 0711/60 18 00 80
E-Mail: info@sand-schott.de
Internet: www.sand-schott.de

Wir investieren,
als ob wir das ganze Unternehmen kaufen könnten.
CLAUS WALTER

Claus Walter – Freiburger Vermögensmanagement GmbH

DER VERMÖGENSVERWALTER UND SEINE SCHLAUEN GÄSTE

Wer Westdeutschland kennen lernen will, dem empfehlen wir eine Fahrt auf der Bundesstraße 3. Sie startet südöstlich von Buxtehude, nicht weit von Hamburg entfernt. Und sie führt einmal quer durch die Republik, an Hannover, Göttingen, Kassel, Gießen, Frankfurt und Karlsruhe vorbei bis zur schweizerischen Grenze, kurz vor Basel. Die meiste Zeit verläuft die B3 parallel zu irgendeiner Autobahn. Man kann die Strecke also schneller hinter sich bringen als auf der B3. Doch der Trip lohnt sich. Deutschland hat mehr zu bieten als Tempo 220. Und es hat mehr zu bieten als die oben genannten Städte. Allein die zahlreichen Dörfer an der Bergstraße sind einen Abstecher wert, ebenso wie etwa das Schloss Bad Zwesten, das nicht weit von der B3 entfernt liegt. Es sind Orte, die nicht einfach nur gut fürs Auge, sondern auch gut für die Seele sind. Man entschleunigt angenehm, wenn man nicht ständig auf der Überholspur fährt.

Und so sind wir bereits einigermaßen entspannt, als wir im tiefen Südwesten Deutschlands in Friesenheim-Oberschopfheim ankommen. Der beschauliche Ort am Fuße des Schwarzwalds mit Blick auf die Rheinebene zählt etwa 3.000 Einwohner. Einer davon ist Claus Walter. Wir treffen ihn in seiner privaten Umgebung. Er ist, ebenso wie seine Frau, hier aufgewachsen und in der Region tief verwurzelt. Seine FVM Freiburger Vermögensmanagement GmbH residiert im 60 Kilometer entfernten Freiburg.

Was ein Insektenhotel im eigenen Garten über den Vermögensverwalter verrät

Wir haben uns mit Claus Walter fürs Wochenende verabredet. Im Vorfeld haben wir schon einmal miteinander telefoniert und sind ihm dankbar für die Zeit, die er für uns freigemacht hat. Denn in seiner Freizeit legt Walter die Füße nicht hoch, wie wir erfahren haben. Der passionierte Tischtennisspieler leitet in seinem Verein DJK Oberschopfheim den Jugendbereich, er hat in den vergangenen Jahren Freizeitwochen mit Ferienangeboten für die Kinder im Ort organisiert. Das Motto: „Ferien gemeinsam erleben“, fernab von Smartphone, Tablet und Computergames. Mittlerweile ist er Ressortleiter für den Bereich „Jugend: Sport und Freizeit“. Walter setzt sich jedoch nicht nur für die Dorfjugend, sondern auch insgesamt für die Natur ein: Nützlinge wie Marienkäfer, Florfliegen oder Solitärbienen haben jetzt ein neues Zuhause in Oberschopfheim, dank Claus Walter. Auch in seinem eigenen Garten steht ein kleines Insektenhotel. Der Mann ist für uns das Paradebeispiel für den Begriff Heimatverbundenheit und Bodenständigkeit. Wie sich im Gespräch mit ihm später herausstellen wird, war es eine gute Idee, ihn in seiner privaten Umgebung zu treffen. Seine Art, Dinge zu sehen, und sein Handeln erklären sich uns dadurch leichter.

Frank: Herr Walter, wie geht es den Florfliegen?

Claus Walter: Keine Ahnung. Ich sehe nicht täglich nach ihnen. Aber seit wir hier mehr davon haben, ist in unserer Gegend der Schädlingsbefall der Pflanzen deutlich zurückgegangen, weil die Larven der Florfliegen sich von Milben und Blattläusen ernähren. Angenehmer Nebeneffekt: Meine Frau hat weniger Ärger mit ihren Blumen auf der Terrasse. Ich profitiere von ihrer guten Laune.

Frank: Deswegen sind Sie also auf die Idee mit dem Insektenhotel gekommen?

Claus Walter: Nein, das war ja nicht meine Idee. Ich bin ja kein Biologe oder Landwirt. Ich habe das nur mitorganisiert. Aber ich habe dabei erneut festgestellt, wie gut es ist, sich mit anderen auszutauschen, die eine ganz eigene und andere Sichtweise und vor allem ein anderes Wissen haben als man selbst. Wichtige Erkenntnis: Die erste Lösung, die einem selbst zu einem Problem einfällt, ist nicht immer die beste. Es lohnt sich, zuzuhören und dazuzulernen. Und es lohnt sich, um die Ecke zu denken.

Hagen: Nutzen Sie diese Erkenntnis auch in Ihrem Job?

Claus Walter: Absolut. Wir haben bei uns im Unternehmen etwas etabliert, was ich in dieser Form noch von keinem anderen Vermögensverwalter gehört habe. Wir setzen uns vierteljährlich zu Ausschusssitzungen zusammen, in denen wir die Leitplanken für unsere Anlagestrategie in den jeweils nächsten drei Monaten festlegen. Zu jeder dieser Sitzungen laden wir seit dem Jahr 2003 externe Teilnehmer ein, die aktiv mitdiskutieren.

Hagen: Was ist daran außergewöhnlich?

Claus Walter: Das sind keine Festtagsredner oder klassischen Berater. Das sind Kunden, Unternehmer aus der Gegend, Steuerberater, Experten mit Branchenkenntnissen aus der IT, Maschinenbau, Chemie, Gesundheitswesen, Automobil oder Handel. Es gibt da keine festen Regeln. Es sind Menschen, die wir eventuell auf irgendeiner Veranstaltung kennen gelernt haben. Auf jeden Fall Leute, die eine hohe Fachkenntnis in ihrem Beruf haben, fest im Leben stehen und mit ihrem Job, ihrem Unternehmen den Puls der Wirtschaft spüren und über einen gesunden Menschenverstand verfügen. Wir wollen unser Wissen bereichern und andere Sichtweisen kennen lernen als die eines Investors oder Bankers, der hauptsächlich auf die Zahlen auf seinem Computerbildschirm starrt. Da helfen uns Steuerberater zum Beispiel weiter. Die reden mit vielen Unternehmern und kennen diese in der Regel auch gut, da sie sie langfristig begleiten. Wichtige Entwicklungen bekommen die ganz gut mit.

Hagen: Banker laden Sie nicht ein?

Claus Walter: Doch, schon. Gerade dann, wenn wir in gewissen Phasen in Details einer Anlage eintauchen wollen, machen wir das sogar gezielt. Aber nicht, wenn es darum geht, strategische und langfristige Impulse zu bekommen. Da helfen uns unserer Erfahrung nach eher andere Gäste, die nicht so auf die Details in den Bilanzen achten, sondern Dinge eher auf einer Metaebene im Zusammenhang betrachten.

Frank: Was ist die Aufgabe dieser externen Teilnehmer in Ihren Ausschusssitzungen?

Claus Walter: Sie sind eingebunden in unsere Diskussion über den weiteren Investmentprozess. Das ist sehr hilfreich, denn es ist eine Art Kontrolle von außen. Die externen Teilnehmer helfen uns Investmentspezialisten dabei, unseren Elfenbeinturm zu verlassen und das Gras unter den Füßen wieder zu spüren. Sie geben uns Impulse bei strategischen Entscheidungen und weisen uns immer wieder auf neue Trends hin. Vor allem schätzen wir ihre Bewertung von Entwicklungen, die sie zum Beispiel durch ihre individuellen Kenntnisse in einer Branche oder einem Markt haben.

Frank: Und dann überlegen Sie, ob und wie Sie das umsetzen?

Claus Walter: Es geht nicht nur um Anregungen. Die Teilnehmer haben Stimmrechte. Sie greifen also aktiv in unseren Investmentprozess ein.

Hagen: Ist es nicht gefährlich, Amateure mit ans Steuerrad zu lassen?

Claus Walter: Unsere Erfahrung ist eine andere. Als Vermögensverwalter sieht man oft nur die Bilanzen sowie irgendwelche volkswirtschaftlichen Zusammenhänge und Entwicklungen auf der Makroseite. Das sind aber Fakten, die andere schon vor uns zusammengetragen und in Statistiken aufbereitet haben. Wir sind neugierig auf Entwicklungen, die unter dem Radar passieren. Das finden wir spannend. Wenn etwas so spannend ist, dass es sich lohnt, investieren wir dort für unsere Kunden.

Frank: Können Sie Beispiele dafür nennen?

Claus Walter: Gerne. Wir hatten mal einen ehemaligen Unternehmer aus dem Bereich Maschinenbau bei uns eingeladen ...

Frank: ... und haben dann in Maschinenbauunternehmen investiert?

Claus Walter: Nein, wir hatten zwar erwartet, dass er uns interessante Dinge aus seiner Branche erzählt. Aber dann kam er eher nebenbei auf eine Entwicklung zu sprechen, die ihn umtrieb. Sein Unternehmen war Opfer eines Hackerangriffs geworden. Da wurde ihm sehr bewusst, wie überlebenswichtig die IT-Sicherheit für ein Unternehmen ist. Er folgerte daraus, dass der Bedarf enorm wächst, und regte an, hier mit einem Investment zu partizipieren. Die weitere Diskussion ergab, dass das Sicherheitsbedürfnis auch in anderen Bereichen zugenommen hat. Die steigende Angst vor Terroranschlägen, die weltweite Urbanisierung und die sozialen Entwicklungen in vielen Ländern sorgen dafür, dass Themen wie etwa die Gebäudesicherung zunehmend an Bedeutung gewinnen.

Hagen: Welche praktischen Schlüsse haben Sie aus dieser Erkenntnis gezogen?

Claus Walter: Wir haben uns einen Fonds herausgesucht, der in Unternehmen aus dem weiten Feld der Sicherheit investiert. Gebäudesicherheit, Personenschutz, Internet Security all solche Themen sind in dem Fonds repräsentiert. Es war jedenfalls eine gute Idee. Das hat unser Portfolio bereichert. Ein anderes Beispiel ist das Thema 3-D-Druck. Das ist ein Megathema. Aber wer weiß schon, wie die Branche wirklich funktioniert? Und wo die Anwendungen wirklich sinnvoll sind? Wo wird schon profitabel gearbeitet? Da hat uns ebenfalls ein Branchenkenner tiefe Einblicke verschafft und uns wichtige Anregungen gegeben. Wir haben zum Beispiel gelernt, dass der 3-D-Druck vor allem im Bereich der Entwicklung und beim Entwurf von Prototypen schon sehr viel mehr eingesetzt wird, als wir glaubten. Andererseits ist der 3-D-Druck vom Einsatz in der Massenfertigung noch weit entfernt.

Hagen: Sie lassen sich also von externen Experten inspirieren, in bestimmte Branchen zu investieren?

Claus Walter: Es müssen keine bestimmten Branchen sein. Und es muss, das zeigt ja auch das Maschinenbauerbeispiel, gar nicht die spezielle Branchenexpertise eines Gastes unserer Ausschusssitzung sein. Manchmal hilft es einfach, wenn die Leute herumkommen in der Welt. So hat uns ein Unternehmer schon im Jahr 2003 von seiner Chinareise erzählt. Er war beruflich dort und komplett begeistert und überrascht, welche Dynamik dieses Land entwickelt, schon damals. Man muss sich vorstellen: Das war zu einem Zeitpunkt, drei Jahre nach dem Platzen der Dotcom-Blase, als noch nicht absehbar war, in welchem Ausmaß sich die Weltwirtschaft und die Börse in den kommenden Jahren entwickeln würde – nicht zuletzt dann ja auch wegen der hohen Dynamik in China. Man hat die Entwicklung dort teilweise als Strohfeuer gesehen. Das Land sei zu fragil und hätte zu hohe politische Risiken. Aber unser externer Teilnehmer berichtete leidenschaftlich, wie akribisch, geordnet und nachhaltig sich hier etwas entwickelt und weiterentwickeln wird. Er hat uns sinngemäß gesagt: Die wollen und werden bald eine Weltmacht sein. Daraufhin haben wir verstärkt in China investiert. Das war eine gute Idee.

Hagen: Haben Sie noch weitere Beispiele?

Claus Walter: Die Reihe ließe sich fast unendlich fortsetzen. Interessiert Sie eine bestimmte Branche oder ein spezieller Bereich?

Hagen: Sie haben die Installation von Insektenhotels organisiert und sogar selbst eines im Garten. Da liegt der Gedanke nahe, dass auch im Bereich Nachhaltigkeit vielleicht mal eine Investitionsanregung von außen kam.

Claus Walter: Das ist zwar Zufall und hat jetzt nicht direkt miteinander zu tun, aber da haben Sie trotzdem Recht. Wir haben auf Anregung von außen unsere eigenen FVM-Nachhaltigkeitsrichtlinien entwickelt. Herzstück ist unsere sogenannte Schwarze Liste von Unternehmen, in die wir nicht investieren wollen. In der Liste finden sich zum Beispiel Rüstungsunternehmen, Tabakkonzerne oder etwa Hersteller von Spirituosen. Ein spezielles Thema in dem Bereich ist das Thema Wasser und insbesondere Wasseraufbereitung, in das wir über einen speziellen Fonds investieren. Der Impuls dazu kam von einem Ingenieur, der viel in südlichen Regionen unterwegs ist.

Frank: Verstehe ich Sie richtig: Sie entwickeln alle drei Monate mit Menschen von außerhalb des Unternehmens eine neue Strategie?

Claus Walter: Nein. Wir haben einen fest definierten Anlageprozess, in dessen Rahmen wir uns bewegen. Und wir freuen uns, wenn uns Menschen, die mit offenen Augen und gesundem Menschenverstand durch die Welt gehen, Anregungen für Investitionen geben. Aber das sind dann keine spontanen Bauchentscheidungen. Und auch finanziell ist das gedeckelt. Es folgt innerhalb eines abgesteckten Rahmens und eben diesem oben genannten Regelwerk, das wir strikt befolgen.

Frank: Können Sie das näher beschreiben?

Claus Walter: Unsere wichtigste Regel: Emotionen sind okay, aber sie müssen in Bahnen und eine feste Struktur gelenkt werden. Wir ordnen kurzfristiges Handeln einem langfristigen Ansatz unter.

Auch wenn wir ein Thema besonders spannend finden. Wir durchschreiten bis zu konkreten Investitionsentscheidungen einen fein abgestimmten, dreistufigen Analyseprozess. Um die Schlagworte für die drei Stufen kurz zu nennen: Asset Allocation, Struktur und Einzelbewertung.

Hagen: Zuerst also die Asset Allocation ...

Claus Walter: Richtig. Wir entscheiden grundsätzlich, in welche Anlageklassen wir mit welcher Gewichtung investieren wollen. Renten machen klassischerweise, je nach konkreter Strategie, etwas um die 50 Prozent aus. Aber in der außergewöhnlichen Situation, in der wir uns seit Jahren befinden, kann sich das schon mal hin zu Aktien und/oder zu mehr Edelmetallen oder Immobilien verschieben.

Im zweiten Schritt schauen wir bei der Struktur genauer hin und setzen innerhalb der beschlossenen Aufteilung der Anlageklassen die Planken. Das bedeutet, dass wir bei Aktien eine strategische Gewichtung von Branchen vornehmen. Konkret denken wir hier in zwei Kategorien: Kontrolle und kontrollierte Offensive. Kontrolle bedeutet für uns, dass wir eine Diversifizierung über die fixe Aufteilung nach Branchen vornehmen, die eine Volkswirtschaft repräsentieren. Der Unterschied zu einem großen Leitindex wie beispielsweise dem DAX besteht darin, dass dort die Marktkapitalisierung an der Börse darüber entscheidet, ob ein Unternehmen aufgenommen wird oder nicht. Das hat zum Beispiel dazu geführt, dass ausgerechnet kurz vor der Finanzkrise der Index sehr Finanzwerte-lastig war. Das kann uns mit unserem Investmentansatz nicht passieren.

Hagen: Das ist also fix. Wozu dann das vierteljährliche Treffen?

Claus Walter: Die Branchen sind zunächst gleichmäßig gewichtet. Diese Streuung bietet Kontrolle und Stabilität im Portfolio. Darauf aufbauend hat es der Anlageausschuss in der Hand, flexibler zu agieren. Er entscheidet je nach Marktlage aktiv, ob beispielsweise mehr in Auto und weniger in Finanzen investiert werden soll. Oder ob mehr Chemie rein und dafür Pharma reduziert werden soll. Im Sport würde man diese Strategie wohl als „kontrollierte Offensive" beschreiben. Das ist eben der zweite Schritt.

Hagen: Sie legen also genau fest, zu wie viel Prozent Sie in welche Segmente oder Branchen investieren wollen?

Claus Walter: Wir legen fest, um wie viel Prozent wir in Aktien oder Renten über- oder unterproportional investieren und zu welchen Anteilen genau in welche Branchen. Es sind fixe Bandbreiten, mit denen wir die Strategie vorgeben. Und dann muss man im Jahresverlauf sehen, wie man gegebenenfalls taktisch reagiert, je nach besonderer Entwicklung. Für die Branchen bedeutet das: Wir sind der Überzeugung, dass man bei Aktien mit 15 Basissegmenten eine Volkswirtschaft abbilden kann. Das sind Segmente wie Automobil- und Flugzeugbau, Banken, Bau, Chemie, Informationstechnologie und so weiter. Diese Themen ergänzen wir mit fünf Sonderthemen, die wir aktuell für wichtig halten. Um eine Entscheidung zu treffen, wie wir welches Segment gewichten, legen wir in unseren Anlageausschusssitzungen fest, welche dieser Branchen in unseren Portfolien über- oder untergewichtet werden. Dann erst kommt der dritte Schritt, die Einzelbewertung, bei der wir genauso verfahren wie bei den Branchen, nur auf Aktienebene.

Hagen: Das heißt, Sie legen die Gewichtung einzelner Aktien für eine Branche fest?

Claus Walter: Wie gesagt, wir legen aufs Prozent stringent die Über- oder Untergewichtung im Portfolio fest. Dabei entscheiden wir, ob beispielsweise im Automobilsektor eine Continental übergewichtet wird, weil wir der Überzeugung sind, dass das Unternehmen von der weltweiten weiteren Mobilisierung profitieren wird – und zwar ganz egal, ob sich Diesel-, Elektro-, Hybrid- oder Wasserstoffantriebe langfristig durchsetzen. Da sehen wir einfach das Wachstumspotenzial und die gute Positionierung des Unternehmens. Ein anderes Beispiel ist der Bereich Medien. Der Trend geht dahin, dass sich der Markt hin zu Streamingdiensten verschiebt. Klassische Medienunternehmen haben damit eher zu kämpfen, Unternehmen wie Amazon oder Netflix sind dagegen derzeit gut aufgestellt. Sie haben in die Infrastruktur investiert, betreiben profitable Abo-Dienste, weiten ihre Kundenbasis aus und produzieren mittlerweile auch eigene Inhalte, darunter Serien und Formate, die neue Qualitätsstandards setzen. Im Vergleich dazu wird die Luft für reine Inhalteanbieter langfristig dünner. Es ist sicher kein Zufall, dass etwa der Time-Warner-Konzern vom US-Telekommunikationsriesen AT&T übernommen wurde. Medienunternehmen haben wir also untergewichtet. Dafür haben wir Amazon und Netflix übergewichtet.

Ein anderes Beispiel ist der Finanzbereich. Ein Trend, den wir beobachten und diskutiert haben, ist, dass Kunden immer seltener in Geschäfte und auch in Filialen gehen und dort klassische Bankdienstleistungen in Anspruch nehmen. Dafür wächst mit dem Internethandel auch die Branche der Bezahldienste, die sich darauf spezialisiert haben. Deshalb haben wir klassische Banken untergewichtet und PayPal übergewichtet. Wie gesagt, das sind jetzt nur zwei Beispiele. Aber daran können Sie sehen, wie wir die Themen diskutieren.

Frank: Sie entscheiden also anhand der Marktpositionierung?

Claus Walter: Wir sehen uns die fundamentalen Daten und Fakten genau an. Kapitalausstattung, Verschuldung, Cash Flow, Dividendenhistorie – solche Kennzahlen spielen natürlich eine wichtige Rolle. Und es müssen liquide Titel mit einer gewissen Marktkapitalisierung sein. Vielleicht kann man mit Nebenwerten in einer Hausse manchmal eine bessere Performance erzielen. Aber ob man sein Handwerk als Vermögensverwalter versteht, zeigt sich besonders dann, wenn es mal nicht so gut läuft an der Börse. Wenn die Stimmung kippt, sollte man nicht ausgerechnet die heißesten Kartoffeln in der Hand halten, die einem dann keiner mehr abnehmen will. Außerdem muss man die Märkte schon im Blick behalten und gegebenenfalls Absicherungsstrategien fahren. Das gelang uns bisher ganz gut. Durch die Finanzkrise sind wir mit unseren Portfolios relativ unbeschadet durchgekommen, und auch während der Marktkorrekturen 2010, 2011 und 2012 haben wir ganz gut ausgesehen.

Hagen: Wie haben Sie das geschafft?

Claus Walter: Es ist eine Art Doppelstrategie. Zum einen schützt uns unser stringentes Anlagekonzept präventiv vor Klumpenrisiken und schafft präventiv einen Ausgleich. Zum anderen sind wir flexibel genug, um reagieren zu können. In Baisse-Zeiten können wir Positionen hochfahren, die wir in Hausse-Zeiten eher als Renditebelastung mitschleppen. So haben wir etwa unsere Positionen in Gold, norwegischen Kronen und Renten in den genannten Jahren erhöht und den Aktienanteil zwischenzeitlich heruntergefahren. Das ist an sich kein Hexenwerk, aber das Timing muss stimmen. Und da hatten wir jeweils das richtige Gefühl für die Situation.

Frank: Sie haben Ihren Investmentprozess recht eindrücklich beschrieben. Bieten Sie also jedem Ihrer Kunden dasselbe Portfolio an?

Claus Walter: Wir reden mit jedem Kunden über das, was er persönlich möchte. Das, was ich Ihnen gerade beschrieben habe, ist unsere Basisstrategie, die wir nicht nur Kunden, sondern auch in unserem „Classic“ Fonds anbieten. Damit legen wir unsere Kernstrategie fest. Wenn etwa ein Kunde offensiver agieren möchte, dann machen wir das. Aber grundsätzlich sehen wir unsere Kernkompetenz darin, dafür zu sorgen, dass wir das liquide Vermögen, das er uns anvertraut, möglichst mehren, aber vor allem nicht schrumpfen lassen. Dafür setzen wir klassische Instrumente ein: Aktien, Anleihen, ETFs und Gold. Komplexe Produkte meiden wir vollständig. Und Optionsstrategien werden nur in unseren Fonds zur Absicherung eingesetzt.

Frank: Haben Sie eine Lieblingsaktie?

Claus Walter: Als Vermögensverwalter sehe ich Aktien eher nüchtern. Aber wenn ich mich festlegen muss: Apple. Einerseits finde ich die Produkte wirklich toll. Ich bin ein bekennender Fan dieses Ansatzes, dass ein kompliziertes Produkt einfach zu verstehen ist und wirklich gut funktioniert, auch ohne dickes Anleitungsbuch.

Frank: Ich sehe keine Apple Watch an ihrem Handgelenk.

Claus Walter: Nein. Das muss nicht sein. Als Fan der Aktie gibt es für mich ja auch sehr fundamentale Gründe: ein solider Cashflow und eine unglaublich gute und wertvolle Marke. Die muss ich aber nicht am Handgelenk tragen.

Hagen: Apropos Marke: Wir wollen – wo wir schon mal hier sind – den einen oder anderen Winzer besuchen. Können Sie einen guten Wein aus der Gegend empfehlen?

Claus Walter: Natürlich. Wir haben hier einen hervorragenden badischen Riesling. Wenn Sie tatsächlich die Zeit dafür haben, dann rate ich Ihnen, in die Umgegend zu fahren. Unsere Badische Weinstraße ist was fürs Auge, umgeben von Rebhängen. Das ist wirklich nett dort. Es gibt hier zahlreiche private Weingüter. Es lohnt sich also wirklich, ein paar Tage hier zu verbringen, wenn Sie gerne guten Wein trinken.

Frank & Hagen: Herr Walter, vielen Dank für diesen Tipp. Wir denken darüber nach.

Nachtrag: Wir haben auf dem Weg zum nächsten Interview dann tatsächlich noch einen Tag länger gebraucht, als wir ursprünglich geplant hatten. Das Thema Entschleunigung hat hier für uns eine neue Bedeutung bekommen.

Steckbrief

Freiburger Vermögensmanagement GmbH

Geschäftsführung: Claus Walter (Foto), Karl-Heinz Haas
Gründungsjahr: 1998
Anzahl der Verwalter: 4, insgesamt 8 Mitarbeiter
Verwaltetes Vermögen: circa 180 Millionen Euro
Höhe des erforderlichen Anlagevolumens: 200.000 Euro, individuelle Vermögensverwaltung ab 400.000 Euro
Kunden-Zielgruppe: Privatkunden, Unternehmen und institutionelle Anleger wie zum Beispiel Stiftungen
Dienstleistungsangebot: klassische Vermögensverwaltung auf Honorarbasis, auch im „Mantel eines Fonds"
Spezielle Kompetenzen: eigener FVM-Investmentprozess mit Beteiligung von Außenstehenden bei Strategiesitzungen, Konzentration auf klassische und transparente Anlageformen (Aktien, Renten, Fonds) statt komplexe Produkte, erweiterter Fokus auf ganzheitliche Vermögensstruktur (Planung), besonderes Leistungsangebot für Stiftungen: stringentes Anlagekonzept
Adresse: Bertoldstraße 53, 79098 Freiburg im Breisgau
Telefon: 0761/21710-71
E-Mail: info@freiburger-vm.de
Internet: www.freiburger-vm.de

Ich bin nicht der beste Stock Picker. Aber um Gewinne an der Börse zu erzielen, muss ich das zum Glück auch gar nicht sein.

OTTMAR WOLF

Ottmar Wolf – Frankfurt Asset Management AG

VERKAUFEN UND STILLHALTEN STATT KAUFEN UND HALTEN

Wir fahren nach Frankfurt am Main, um dort Ottmar Wolf zu treffen. Der Vermögensverwalter, bis vor kurzem noch Partner der Vermögensverwaltung Wallrich & Wolf, hat sich gerade erneut selbstständig gemacht und ist auf der Suche nach neuen Geschäftsräumen. Das gestaltet sich gar nicht so einfach, wie Wolf zunächst gedacht hat. Der Büromarkt in Frankfurt ist leergefegt, wie er uns erzählt. „Ich habe mich jahrelang nicht um dieses Thema kümmern müssen und war völlig überrascht, dass ich fast keine Auswahl habe. Es geht in Frankfurt nicht mehr darum, ein günstiges Büro zu finden. Es geht nur noch darum, ob man solche geeigneten Büroräume bekommt, die man haben will", erzählt er uns freimütig.

Die Preise für ein Büro in halbwegs guter Lage, nicht weit vom Bankenviertel entfernt, fangen bei 30 Euro für den Quadratmeter an. Wer großzügig geschnittene Geschäftsräume mit ausreichend

Platz für Mitarbeiter und separaten Räumen für Kundengespräche sucht, kommt schnell auf monatliche Mietkosten von 10.000 Euro aufwärts. Kalt. Aber das ist eben Frankfurt in Zeiten des Brexits. Offiziell haben viele Banken in den Monaten vor dem Austritt Großbritanniens aus der EU zögerlich geantwortet, wenn die Frage darauf kam, ob sie ihre Standorte in London aufgeben und Personal aufs europäische Festland verlagern würden. Doch hinter den Kulissen haben die großen Finanzinstitute längst vorgesorgt und in großem Stil Mietverträge im hessischen „Mainhattan" abgeschlossen. Manche Verträge waren auch nur Optionen, die sich im Falle einer überraschenden Kehrtwende Großbritanniens wieder hätten kündigen lassen. Doch das hat gereicht, um den ohnehin angespannten Immobilienmarkt in Frankfurt schon lange im Vorfeld des Brexit-Vollzugs deutlich anzuheizen.

Das gilt im Übrigen nicht nur für Büro-, sondern auch für Privatimmobilien. Stadtteil für Stadtteil schreitet die Gentrifizierung voran. Die Entwicklung ist vergleichbar mit Berlin – allerdings auf einem weiter fortgeschrittenen, höheren Preisniveau. Wir beobachten das schon lange mit Interesse. Frankfurt ist ein Hot Spot: zentrale Lage in der Republik, der nach Fluggastzahlen viertgrößte Flughafen Europas in der Nähe, die bedeutendste europäische Festlandbörse im Westen, die Europäische Zentralbank im Osten und ein aufstrebender Fußballclub mit Tradition im Süden der Stadt. Diese Stadt mausert sich. Gastronomie und Freizeitangebote gibt es zuhauf. Frankfurt hat sein Gesicht im Laufe der vergangenen 20 Jahre stark verändert. Die Hessenmetropole gehört zu den Städten in Deutschland, die nach wie vor wachsen – und zwar nicht nur durch Eingemeindung, sondern vor allem durch Zuzug. Frankfurt hat ein internationales Gesicht. Mehr als die Hälfte der Einwohner hat einen Migrationshintergrund. Ein Problem ist das nicht. Im Gegenteil. Über 60 Prozent der Ausländer hier sind

EU-Bürger. Wenn es in Europa eine Stadt gibt, die für sich beanspruchen kann, europäisch zu sein, dann wohl Frankfurt am Main.

Skyper, Skyper – immer über den Horizont hinausdenken

Wir treffen Ottmar Wolf in einem Café auf der Frankfurter „Fressgass", nicht weit vom Opernplatz entfernt. Wolf hat sich gerade eine Büroetage im „Skyper" angesehen. Der moderne Büroturm steht Ecke Taunusanlage, Taunusstraße. Je nachdem, ob man sich nach Verlassen des Gebäudes nach rechts oder links wende, lande man im Bankenviertel oder im Frankfurter Kiez, erzählt Wolf mit ganz leichtem hessischen Akzent. Wir sind auf dem Weg zum Café zufällig am Skyper vorbeigekommen. Der Hauptbahnhof ist nicht weit entfernt. Verkehrstechnisch ist das ein Vorteil – mit den üblichen sozialen Nebenwirkungen, die Hauptbahnhöfe offensichtlich automatisch mit sich bringen. Wolf ist noch unentschlossen, ob er im Skyper einziehen wird. Die Aussicht aus dem 18. Stockwerk sei überragend, berichtet er. Bei gutem Wetter könne man weit über den Main hinweg nach Süden sehen. Da liegt die Commerzbank-Arena. Da spielt sein Lieblingsverein. Wolf ist Fan der Frankfurter Eintracht. Tja, die Miete für das Büro ... Da müsse man vielleicht nochmal verhandeln. Wenn das überhaupt geht. Wir wechseln das Thema.

Frank: Herr Wolf, wie fühlt sich das an, wieder einen Neustart zu wagen?

Ottmar Wolf: Das ist spannend. Aber es ist ja nicht so, dass ich jetzt wirklich von vorn beginne. Es ist nur ein weiterer konsequenter Schritt in meinem Leben. Ich beschäftige mich seit meinem zwölften Lebensjahr mit den Themen Börse und Wirtschaft. Die größte Veränderung wird für mich vermutlich der neue Ausblick aus meinem Bürofenster sein. Wenn ich denn dann tatsächlich ein neues Büro gefunden habe.

Frank: Börse und Wirtschaftsthemen als Zwölfjähriger?

Ottmar Wolf: Mein Vater war Steuerberater. Seine Welt waren Zahlen. Ich habe mein Taschengeld damit verdient, dass ich ihm sonntags aus der *Frankfurter Allgemeinen Zeitung* eine Zusammenfassung der wichtigsten Themen der Woche geschrieben habe.

Frank: Das klingt nicht nach kinderleichtem Wochenende.

Ottmar Wolf: Nein. Ich habe wohl mehr Taschengeld gehabt als meine Alterskollegen. Aber das war hart verdientes Geld. Ich habe damals auch gelernt, blind Schreibmaschine zu tippen, und in den Sommerferien habe ich ein Praktikum in einer Textilfabrik gemacht.

Frank: Im Alter von zwölf Jahren?

Ottmar Wolf: Ja. Jetzt kann man natürlich sagen: „Hey, das war ja Kinderarbeit." Es war ja auch nicht immer leicht. Aber im Rückblick muss ich auch sagen: Mein Vater hat mich nicht nur gefordert, sondern vor allem stark gefördert. Auch beim Thema Börse. Dass ich heute nicht nur mit viel Engagement, sondern auch mit Spaß an der Sache Vermögen verwalte, habe ich letztlich ihm zu verdanken. Er hat damals an der Börse Aktien gehandelt und mir gerne gezeigt, wie das geht.

Hagen: Können Sie sich erinnern, was Ihre erste Aktie war, die Sie gekauft haben?

Ottmar Wolf: Ja, natürlich. Das waren Bremer Vulkan-Aktien. Ich fand einfach den Namen toll.

Hagen: Kein guter Start, oder? Das Unternehmen ist Mitte der Neunzigerjahre in die Insolvenz gegangen.

Ottmar Wolf: Da hatte ich die Aktie schon lange nicht mehr. Wir reden hier von meinem ersten Aktienkauf, den damals mein Vater für mich abgewickelt hat. Ich war ja noch nicht volljährig. Aber ich muss zugeben, dass mich das berührt hat, als der Vulkan-Konzern in den Konkurs gegangen ist.

Hagen: Haben Sie aus Ihren ersten Erfahrungen schon etwas gelernt, was Sie später beeinflusst hat?

Ottmar Wolf: Schwer zu sagen. Da kann man viel hineininterpretieren. Ich habe damals Bücher über den Aktienhandel verschlungen und mein Wissen erweitert. Mein Lieblingsbuch war *Der Börse einen Schritt voraus* von Peter Lynch. Da beschreibt er, wie man Aktien findet, deren Wert sich verzehnfachen. Das habe ich natürlich auch versucht. Aber ich habe früh gemerkt, dass ich kein besonders großes Talent fürs Stock Picking habe. Ich bewundere Leute, die es schaffen, zum richtigen Zeitpunkt die richtigen Aktien zu kaufen und zu verkaufen und damit dauerhaft hohe Gewinne zu erzielen. Aber ganz ehrlich: Um so etwas zu schaffen, braucht man enorm viel Glück, wertvolles Insiderwissen oder irgendein Geheimnis, das mir nicht bekannt ist.

Hagen: Das aus dem Mund eines Vermögensverwalters. Sie sind doch *qua definitione* ein Experte der Geldvermehrung an der Börse, oder?

Ottmar Wolf: Man muss kein guter Aktienanalyst sein, um Erfolge an der Börse zu erzielen. Ich habe meinen eigenen Weg gefunden.

Frank: Da sind wir aber gespannt. Wir haben gesehen, dass Ihre „Prämienstrategie", die Sie entwickelt haben, mehrfach ausgezeichnet wurde. Wie schafft man das, wenn man nicht überdurchschnittlich gut Märkte und Unternehmen analysiert?

Ottmar Wolf: Bei der Prämienstrategie generiere ich mit zwei sich ergänzenden Einzelstrategien regelmäßige Einnahmen. Zum einen investiere ich in Anleihen, darunter auch ausgewählte Hochzinspapiere. Und zum anderen generiere ich Prämien durch den Verkauf von Optionen.

Frank: Hochzinspapiere? Optionen? Das klingt nach Zocken.

Ottmar Wolf: So reagieren viele, denen ich zum ersten Mal davon erzähle. Und vor allem: bevor ich das Prinzip erklärt habe. Meine Strategie ist alles andere als Zocken. Ganz im Gegenteil sogar.

Hagen: Erklären Sie es uns. Wir sind gespannt.

Ottmar Wolf: Fangen wir mit den Anleihen an. Ich bin ein großer Fan von Anleihen. Denn da kann ich die Rendite, die am Ende für mich rauskommt, von Anfang an sehen. Nehmen wir ein einfaches Beispiel: eine Anleihe, die einen Zinskupon von 4 Prozent hat, an der Börse aktuell bei 80 Prozent ihres Nennwertes gehandelt wird und noch fünf Jahre Restlaufzeit hat. Wenn ich sie für angenommene 80.000 Euro kaufe, weiß ich, dass ich in fünf Jahren 100.000 Euro zurückbekomme. Das sind dann die 100 Prozent Nennwert, die es am Ende eben gibt. Plus fünf mal 4 Prozent Zinsen auf den Nennwert, das bedeutet insgesamt 20.000 Euro an Zinsen bis zum Laufzeitende. Also bei 80.000 Euro Investition ein Return von 120.000 Euro. Unterm Strich sind das 40.000 Euro Gewinn oder 50 Prozent Ertrag innerhalb von fünf Jahren. Das kann ich mir in dem Augenblick ausrechnen, in dem ich die Anleihe kaufe. Das mag ich.

Hagen: In Ihrem Beispiel klingt das toll. Aber da nennen Sie auch recht abenteuerliche Zahlen. Eine Anleihe mit einem 4-prozentigen Kupon, die für 80 Prozent des Nennwertes gehandelt wird, findet man doch kaum noch – und wenn ja, dann ist das ein heißes Risikopapier.

Ottmar Wolf: Doch, solche Anleihen gibt es wirklich. Ich habe erst vor kurzem ein entsprechendes Papier gekauft. Das ist also kein Beispiel, das ich aus der Luft greife. Natürlich können Sie an den Konditionen das Risiko ablesen. Das muss man von Fall zu Fall eben abwägen: Drückt der Risikoabschlag tatsächlich das Risiko aus? Meine Erfahrung ist, dass Anleihemärkte sehr ineffektiv sind. Es gibt immer wieder Gelegenheiten, Anleihen günstig zu erwerben, die anderen Marktteilnehmern zu gefährlich erscheinen, bei denen aber das Risiko, dass die Zinsen nicht gezahlt oder dass die Anleihe nicht zurückgezahlt werden kann, gar nicht so hoch ist, wie es der Preisabschlag ausdrückt. Dazu kommt, dass viele große institutionelle Investoren qua eigener definierter Anlagerestriktionen gar nicht in hochverzinste Anleihen investieren dürfen. Wir reden hier von Pensionsfonds, Versicherungen oder Stiftungen. Für Investoren wie mich ist das ein Vorteil. Ich kann auf Schnäppchenjagd gehen und weiß: Am Ende gibt es mit hoher Wahrscheinlichkeit 100 Prozent des Nennwertes zurück.

Hagen: Oder auch nicht. Wir reden hier schon von Risikoinvestments.

Ottmar Wolf: Wenn ich alles Kapital, das mir zur Verfügung steht, in eine einzige Hochzinsanleihe investieren würde, gäbe ich Ihnen Recht. Aber der Trick besteht darin, das Kapital auf viele solcher Anleihen zu verteilen. Bei den weit überdurchschnittlichen Renditen, die dabei herauskommen, ist es notfalls sogar verkraftbar, wenn mal eine Anleihe nicht bedient wird, weil der Emittent in den Konkurs geht. Aber zum Glück passiert das bei meinen Anleihen nur selten. Und wenn dieser Fall eintritt, stehe ich als Gläubiger immer noch besser da als der Aktionär eines solchen Unternehmens. Und wo wir schon beim Risiko sind: Als Aktionär kaufe ich eine Aktie und muss dann hoffen, dass ihr Wert steigt. Das kann passieren. Oder auch nicht. Ich kann als Aktionär nichts vorher ausrechnen, ich kann nur hoffen. Das nenne ich tatsächlich Risiko. Darauf mag ich mich als professioneller Investor nicht zu stark einlassen.

Frank: Hochzinsanleihen sind ein Teil Ihrer Strategie. Jetzt sind wir neugierig auf den Teil mit den Optionen. Welche Art von Optionen kaufen Sie?

Ottmar Wolf: Ich verkaufe Optionen.

Frank: Sie verkaufen Optionen, die Sie vorher noch nicht hatten?

Ottmar Wolf: Ich weiß, das klingt ein wenig schräg für jemanden, der nicht täglich mit dem Optionshandel zu tun hat. Lassen Sie es mich so erklären: Die Reihenfolge des Kaufs und Verkaufs von Optionen an der Terminbörse spielt keine Rolle. Ich kann also Optionen verkaufen, bevor ich sie habe. Dies führt zur Vereinnahmung von Optionsprämien, daher auch der Name „Prämienstrategie". Wenn ich Optionen verkaufe, ist das vergleichbar mit einem Rückversicherungsgeschäft. Der Unterschied besteht darin, dass ich nicht – wie etwa die Münchener Rück – Naturkatastrophen versichere, sondern die Absicherung gegen den Börsencrash zur Verfügung stelle. Andere Marktteilnehmer sichern quasi ihre Aktienbestände bei mir ab und bezahlen mir dafür eine Versicherungsprämie.

Frank: So weit komme ich mit. Ist das aber nicht viel zu gefährlich, denn an der Börse gibt es ja immer wieder schlimme Einbrüche. Und dann müssen Sie dafür geradestehen?

Ottmar Wolf: Es klingt zunächst gefährlich, stimmt. Da es mir aber möglich ist, das Ausmaß, das ich absichern will, selbst festzulegen, kann ich auch das Risiko selbst bestimmen. Zum einen kann ich festlegen, welches Aktienvolumen ich absichern möchte, und zum anderen auch das Kursniveau, ab welchem diese Versicherung greift.

Frank: Für mich klingt das immer noch riskanter als ein Aktienkauf.

Ottmar Wolf: Es kommt auf die Dosierung an. So, wie ich die Prämienstrategie umsetze, ist es sogar deutlich weniger risikobehaftet als ein Aktieninvestment. Die Prämienstrategie lässt sich nämlich auch wie folgt umschreiben: Man setzt für eine Aktie, die zum Beispiel 100 Euro kostet, ein „Abstauberlimit" bei 85 Euro und kassiert dafür sogar noch eine Optionsprämie von beispielsweise 5 Euro. Dadurch hat man einen Verlustpuffer von 20 Euro oder 20 Prozent. Das bedeutet, bei einem Kursrutsch macht man die ersten 20 Prozent Verlust quasi nicht mit.

Hagen: Das klingt ja jetzt doch ganz gut. Aber wo ist der Haken?

Ottmar Wolf: Ein Nachteil ist die begrenzte Gewinnchance. Der Ertrag ist gedeckelt, und zwar auf die Höhe der Optionsprämie. Mehr als die 5 Euro aus meinem Beispiel sind nicht drin, auch dann nicht, wenn die Aktie von 100 auf 150 Euro steigt. Auch dann hätte ich nur 5 Euro verdient. Außerdem birgt die Prämienstrategie natürlich schon das Risiko, dass die Aktie auch unter 85 Euro fallen könnte. Bei Kursen von unter 80 Euro fängt dann auch für mich die Verlustzone an. In echten Crash-Momenten, wenn die Kurse plötzlich sehr schnell und sehr stark fallen, reicht dieser Puffer in der Regel nicht aus. Dann entstehen Verluste.

Hagen: Und was machen Sie in solchen Crash-Phasen?

Ottmar Wolf: Diese Phasen sind eine echte Herausforderung. Wir reden hier vom Hauptnachteil der Prämienstrategie, wobei richtig schlimme Börsencrashs zum Glück nur recht selten vorkommen. Je nach Schärfe des Crashs bestehen verschiedene Handlungsmöglichkeiten.

Hagen: Stopp, eine Zwischenfrage. Was meinen Sie mit „Schärfe des Crashs"?

Ottmar Wolf: Damit meine ich die beiden Faktoren Wertverfall und Geschwindigkeit. Also erstens das Ausmaß: Wie viel Prozent verliert die Börse vom Top? Und zweitens: In welcher Zeit passiert dieser Kursverlust?

Hagen: Okay, und wie reagieren Sie dann bei einem „mittleren Crash" im Vergleich zu einem „schlimmen Crash"?

Ottmar Wolf: Bei einem mittleren Crash, sagen wir beispielsweise 25 bis 30 Prozent Kursverlust in sechs Monaten, kann ich vermutlich das Prämienportfolio einigermaßen durch diese Marktphase bringen. Sozusagen mit einem blauen Auge. Die Sicherungslevels werden dann zwar überwiegend gerissen. Wenn wir im Versicherungsjargon bleiben, würde ich sagen, der sogenannte Schadensfall ist eingetreten. Es handelt sich jedoch bei einem mittleren Crash noch um vertretbare Größenordnungen, die durch ein immer wieder auftretendes Phänomen quasi kompensiert werden. In einer solchen von Angst geprägten Marktphase schießen die Optionsprämien deutlich nach oben. Während und auch nach solchen Crashs gibt es also eine regelrechte Gier nach Absicherung. Und die führt dazu, dass es mir möglich ist, mit neuen Prämiengeschäften wesentlich mehr Geld einzunehmen. Im Prinzip finden wir dieses Phänomen auch in der Rückversicherungswelt: Nach einer Überflutung wollen alle Hausbesitzer in dieser Region sich unbedingt absichern, obwohl die nächste Überflutung statistisch gesehen vielleicht erst wieder in 50 bis 100 Jahren in dieser Gegend stattfinden wird. Die Versicherung hingegen wird die Prämien aufgrund der sehr hohen Nachfrage dann deutlich anheben.

Hagen: Und wie sieht es bei einem echten Jahrhundert-Crash aus?

Ottmar Wolf: So etwas habe ich mit meiner Prämienstrategie im Jahr 2008 erleben müssen. Dort ging es innerhalb von etwa vier Monaten um rund 50 Prozent bergab. Darauf hatte die Prämienstrategie in diesem Moment keine Antwort, sondern ging auch zunächst deutlich ins Minus. Zwar gemildert um den Verlustpuffer, der reichte hier allerdings nicht aus. Daher stand am Ende auch ein Minus von rund 21 Prozent. Immerhin war das nur halb so schlimm wie der Verlust am Aktienmarkt. Wichtig ist in solchen Situationen, dass ich dann pragmatisch agiere und bei solchen Jahrhundert-Crashs auch mal mit einem Teil des Portfolios einfach in Aktien investiert bin, also ausnahmsweise mal „long-only" agiere und zusätzlich die dann exorbitant hohen Optionsprämien vereinnahmen kann. So kann es dann gelingen, die Verluste vergleichsweise schnell wieder aufzuholen. Die Prämienstrategie hat immer eine recht kurze „Time-to-Recover", erreicht also schneller ein neues All-Time-High als ein reines Aktiendepot.

Frank: Ich fasse mal zusammen. Die Prämienstrategie bietet begrenzte Chancen, und man blutet in der Baisse. Welcher Anleger braucht das?

Ottmar Wolf: Die Faszination der Prämienstrategie liegt darin, dass man Geld verdienen kann, *ohne* dass die Börse steigen muss. Die Börse kann sogar leicht sinken, und es wird dennoch ein Plus erzielt. Anders formuliert: Ich steigere die Eintrittswahrscheinlichkeit für positive Erträge deutlich im Vergleich zu Aktieninvestments! Und genau das ist es, was die meisten Investoren, egal, ob Privatkunden oder Institutionelle, brauchen. Es gab einige Seitwärtsjahre an der Börse, in denen es mittels der Prämienstrategie gelungen ist, eine mittlere bis hohe einstellige Rendite zu erzielen.

Hagen: Aktien gelten doch eigentlich als die renditestärkste Anlageklasse. Diese Erkenntnis hat bei Ihnen aber offensichtlich keinen großen Eindruck hinterlassen.

Ottmar Wolf: So würde ich das nicht sagen. Aber ich habe eben ein Konzept entwickelt, bei dem ich mir nicht ständig darüber Gedanken darum machen muss, wie andere Marktteilnehmer den Wert eines Unternehmens einschätzen. Sollten die Kurse allerdings auf breiter Basis einmal so richtig in den Keller gehen, greife ich wie gesagt auch richtig zu. Dann kaufe ich Aktien und lasse die Optionen Optionen sein. Denn das habe ich in den vergangenen Jahrzehnten gelernt: Nach dem Crash ist vor der nächsten Hausse. Geduld und kühles Blut zahlen sich an der Börse in der Regel aus.

Frank & Hagen: Am Immobilienmarkt auch. Deshalb hoffen wir für Sie, dass Ihre Geduld auch bei der Bürosuche belohnt wird.

Als wir Frankfurt über die Autobahn gen Osten verlassen, sehen wir im Rückspiegel die Bürotürme, die vor der untergehenden Sonne hoch und schwarz in den Himmel ragen. In einem der Türme wird Ottmar Wolf vermutlich bald residieren. Wir drücken ihm die Daumen.

Nachtrag: Kurz bevor dieses Buch in Druck ging, haben wir erfahren, dass Ottmar Wolf tatsächlich in das Büro im Skyper eingezogen ist.

Steckbrief

Frankfurt Asset Management AG

Geschäftsführung: Ottmar Wolf (Foto), Peter Wiederholt
Gründungsjahr: 2019
Anzahl der Verwalter: 2 Portfoliomanager, insgesamt 6 Mitarbeiter
Verwaltetes Vermögen: circa 250 Millionen Euro
Höhe des erforderlichen Anlagevolumens: 500.000 Euro
Kunden-Zielgruppe: Privatkunden und institutionelle Anleger
Dienstleistungsangebot: Vermögensverwaltung
Spezielle Kompetenzen: Prämienstrategie, gedeckte Stillhaltergeschäfte auf Aktien, Hochzinsanleihen, Multi Asset
Adresse: Taunusanlage 1, 60329 Frankfurt am Main
Telefon: 069/244 500 50
E-Mail: info@frankfurtasset.com
Internet: www.frankfurtasset.com

Ich mag transparente Geschäftsmodelle.
Deshalb kaufe ich keine Wirecard-Aktien.
Uwe Wiesner

Uwe Wiesner – Hansen & Heinrich AG

BEGEISTERTER VERMÖGENSVERWALTER UND DURCHSCHNITTLICHER GOLFSPIELER

Es ist Winter. Ein kühler Februarmorgen. Wir fahren nach Berlin und besuchen dort Uwe Wiesner. Der Vermögensverwalter arbeitet bei der Hansen & Heinrich AG, die vor einiger Zeit nach Berlin-Grunewald umgezogen ist. Das Unternehmen residiert jetzt in der Villa Meyer, einer großen, alten Bankiersvilla, die mit ihrer Mischung aus Neobarock, Jugend-, Gründer- und Zuckerbäckerstil überrascht. Eine Loggia, ein Wintergarten und eine Veranda führen in den Garten. Außen eine schmucke Verzierung, Türmchen und Erker, innen hohe Decken, beeindruckender Stuck, der Geruch von dem, was man gemeinhin „Altes Geld" nennt. Die Kulisse ist beeindruckend, außen und auch innerhalb des Gebäudes. Kein Wunder, dass hier in den Sechzigerjahren tatsächlich mal Edgar-Wallace-Filme gedreht wurden. Der Blick aus den hohen Fenstern schweift über eine der besten Berliner Villengegenden. Die Aussicht schmeichelt dem Auge. Das Büro ist nicht nur ein schöner Arbeitsplatz, um den man Wiesner sofort beneidet. Es erfüllt durch seine Verankerung in diesem Gebäude und in dieser Lage auch einen anderen wichtigen Zweck. Wer es als Kunde oder potenzieller Kunde betritt, fühlt sich geschmeichelt. Man möchte dazugehören. Und man möchte von der Zugehörigkeit profitieren. Unwillkürlich drängt sich der Gedanke auf: Wenn die Vermögensverwalter, die hier arbeiten, mit meinem Geld hier Gassi gehen, dann trifft mein Geld unterwegs bestimmt viele Freunde in der Nachbarschaft. Berlin mag vielleicht die deutsche Stadt mit der höchsten Hartz-IV-Dichte sein, doch davon ist im Grunewald und speziell hier nichts zu spüren.

Warum „teuer" relativ ist

Uwe Wiesner erzählt uns, als wir ihn danach fragen, dass Hansen & Heinrich Glück gehabt habe, die Büros vergleichsweise günstig mieten zu können. Ob das so bleibt, wird sich in etwa fünf Jahren zeigen, wenn der aktuelle Vertrag ausläuft und zur Verlängerung ansteht. Dann wird das Unternehmen erneut Glück brauchen, denken wir. Denn Berlin wird, was den Immobilienmarkt betrifft, vermutlich auch in den kommenden Jahren ein heißes Pflaster bleiben. Einer Studie von Deutsche Bank Research zufolge könnten Mieten und Kaufpreise für Wohnungen und Büros in Berlin noch viele Jahre steigen. Eine Reihe von Faktoren spreche für einen sogenannten Superzyklus weit über das Jahr 2020 hinaus, so die Analysten der Studie. Die Studie deckt sich mit unseren Recherchen. Die Stadt könnte in nicht allzu ferner Zukunft eine der teuersten europäischen Metropolen werden. „Teuer" ist in diesem Zusammenhang mal wieder sehr relativ. Wer heute in Berlin in Immobilien in guter Lage investiert, mag sich über den Preis ärgern, der dafür im Vergleich zu vor fünf Jahren zu zahlen ist. Wenn die Entwicklung aber so weitergeht, wie es sich derzeit andeutet, wird das Adjektiv „teuer" in fünf Jahren mit anderen Zahlen verbunden sein. Wir drücken Uwe Wiesner auf jeden Fall die Daumen, dass er sein Büro auch über die nächsten fünf Jahre hinaus behält. Der Blick aus seinem Fenster ist wirklich beeindruckend.

Uwe Wiesner führt uns in den Wintergarten und serviert uns Tee und Gebäck. Wir genießen das Ambiente und vergessen fast, warum wir hier sind. Als Immobilienspezialisten weiden wir unsere Augen dabei nicht nur an dem Gebäude, sondern entdecken auch Entwicklungspotenzial. Wärmedämmung wäre beispielsweise so ein Thema.

Hagen: Herr Wiesner, Sie haben – ebenso wie ich selbst – einmal für die Deutsche Bank gearbeitet. Ich treffe in der Finanzbranche viele Ex-Kollegen, die heute entweder selbstständig sind oder bei einem deutlich kleineren Unternehmen arbeiten, als es die Deutsche Bank ist. Ich frage mich immer wieder: Ist das Zufall?

Uwe Wiesner: Naja, bei einem so großen Konzern sorgt ja schon die natürliche Fluktuation dafür, dass die Anzahl der Ex-Deutschbanker stetig zunimmt. Aber vermutlich ist es kein Zufall, dass man, wenn man mal eine Zeit lang in einer Großbank gearbeitet hat, es genießt, sich selbstständig zu machen oder in einem kleineren Unternehmen zu arbeiten. Ich selbst habe mir ja mit diesem Schritt Zeit gelassen. Nach rund 27 Jahren in der Deutschen Bank und dann nochmal sechs Jahren bei der UBS – auch keine kleine Adresse – fühle ich mich bei Hansen & Heinrich jetzt wirklich gut. Da ist schon was dran an der größeren Bewegungsfreiheit. Das macht wirklich Spaß. Vielleicht hätte ich auch früher draufkommen können. Aber manchmal brauchen Dinge ja auch ihre Zeit und Entwicklung.

Hagen: Zeit ist ein gutes Stichwort. Sie arbeiten seit Anfang der Achtzigerjahre in der Finanzbranche. In den vergangenen fast 40 Jahren Ihrer Karriere haben Sie als Vermögensverwalter und Banker eine Menge miterlebt. Es hat sich ja doch Einiges getan in dieser Zeit. Kann Sie überhaupt noch etwas überraschen?

Uwe Wiesner: Wenn mich nichts mehr überraschen könnte, hätte ich den Job wahrscheinlich schon hingeschmissen. Das ist ja das Spannende an dem Business. Aber vielleicht liegt es auch daran, dass ich niemals großes Interesse an einem trockenen Büro- oder Verwaltungsjob hatte. Ich hatte, ganz gleich, welche Aufgabe ich damals im Konzern oder auch jetzt hatte, immer Kontakt zu den Menschen. Es war nie eine Arbeit, in der es nur um Rendite und nackte Zahlen geht, sondern um die Menschen, die damit zu tun haben. Hinter jeder Zahl stehen schließlich immer persönliche und Familiengeschichten. Einige meiner heutigen Kunden betreue ich bereits in der dritten Generation.

Frank: Drei Generationen? So viele Jahre arbeiten Sie doch noch gar nicht für Hansen & Heinrich. Das Unternehmen ist schließlich erst 2001 gegründet worden. Und Sie arbeiten erst seit rund sechs Jahren dort.

Uwe Wiesner: Eine starke Marke ist zwar ein guter Türöffner, aber Menschen vertrauen Menschen – nicht Unternehmen. Viele der Kunden, die ich betreue, sind mir auf meinen Stationen gefolgt, ganz gleich, welcher Unternehmensname über meinem Türschild prangte. Weil Sie wussten, dass sie mir vertrauen können. Weil sie wussten, dass ich als Verwalter ihrer Vermögen tatsächlich ihre Interessen vertreten habe – im Zweifelsfall auch durchaus mit eigenem Kopf und nicht mit dem Stempel des Finanzinstituts auf der Stirn.

Frank: Wo ist der Unterschied? Was meinen Sie mit Stempel?

Uwe Wiesner: In einer Großbank ist es doch so: Die Bank hat einen Beratungs- und Investitionsansatz. Und dann – nicht zu vergessen – gibt es ja auch noch den Vertrieb der Bank, der in diesem Konzept seine Produkte platzieren will. Wie eine Bank damit umgeht, unterscheidet sich zwar in Nuancen. Aber am Ende steht das Ziel: Mehr Umsatz mit eigenen Produkten bedeutet mehr Gewinn. Das ist ein nicht zu verachtender Hebel im Private Wealth Management, denn an den Gebühren für die Betreuung von Kunden können Sie in diesem hart umkämpften Markt nicht viel drehen. Eine Großbank hat hier zwei wesentliche Stellschrauben: mehr Kunden pro Vermögensverwalter und mehr Produkte pro Kunde, für die nicht nur Bestandsprovisionen, sondern auch direkt Gebühren vom Produktmanagement berechnet werden können. Wenn Sie das mal ein paar Jahre lang mitgespielt haben, sehnen Sie sich danach, wieder deutlich mehr die Interessen der Kunden im Blick zu haben. Mir jedenfalls ging es so. Und ich bin da nicht alleine. Deswegen begegne ich ja auch immer wieder Exkollegen, die jetzt selbstständig sind oder für kleinere Vermögensverwalter arbeiten. Wir hatten das Thema ja eingangs schon. Das Schöne an der Arbeit gerade für einen unabhängigen Vermögensverwalter ist eben, dass Name und Unternehmensphilosophie miteinander verschmelzen.

Hagen: Können Sie das näher erklären?

Uwe Wiesner: Auch bei Hansen & Heinrich gibt es eine grundsätzliche Philosophie, der jeder im Hause folgt. Das ist quasi der gedankliche und strategische Rahmen, in dem wir uns als Vermögensverwalter bewegen. Innerhalb dieses Rahmens stehen aber in allererster Linie der Kunde und seine individuellen Bedürfnisse im Mittelpunkt. Den Rahmen, den wir um die konkrete Strategie spannen, mit der wir die persönlichen Ziele des Kunden erreichen wollen, fixieren wir an vier Eckpunkten. Als Stichworte nenne ich: Qualität, Ausschüttungsorientierung, Diversifikation und Risikooptimierung.

Hagen: Können Sie diese vier Punkte näher erklären?

Uwe Wiesner: Mit Qualität meine ich, dass wir für unsere Kunden gerne in Unternehmen mit breitem Geschäftsmodell investieren. Eher defensive Titel wie Nahrungsmittelhersteller, die langfristig Geld verdienen, unabhängig vom Konjunkturzyklus. Zudem müssen die Unternehmen vorausschauend, mit langem Atem und nachhaltig gut geführt werden. Das ist oft bei familiengeführten Unternehmen der Fall. Konkret: Ich investiere lieber in BMW als in VW. Bei BMW steht die Familie Quandt dafür, konsequent langfristige Strategien zu verfolgen. Bei VW reden dagegen zu viele mit, die das besser nicht tun sollten, etwa Politiker des Landes Niedersachsen oder der übermächtige Betriebsrat bei VW, der nicht nur einmal wegen seiner Eskapaden in die Schlagzeilen geraten ist. Zum Thema Qualität gehört auch, dass die Dividendenrenditen langfristig steigen und dass die betreffenden Unternehmen ihre Dividenden aus ihren Gewinnen zahlen und nicht aus der Substanz. Da hilft nicht nur der Blick auf die Dividendenzahlungen der vergangenen Jahre, sondern auch der kritische Blick in die Bilanzen der vergangenen Jahre. Highflyer-Unternehmen wie Wirecard spare ich da eher aus. Da verstehe ich bis heute nicht, wie das Unternehmen Geld verdient. Sympathisch finde ich dagegen das schweizerische Unternehmen Roche. Der Aktienkurs ist da zwischendurch zwar auch mal gefallen, weil das Unternehmen an der Börse gerade nicht *en vogue* war. Aber das Unternehmen verdient gutes Geld. Immer.

Hagen: Was ist der zweite Eckpunkt Ihrer Rahmenstrategie?

Uwe Wiesner: Wir suchen Wertpapiere danach aus, dass sie regelmäßig möglichst hohe Erträge liefern.

Hagen: Da sind wir ja schon wieder beim Dividendenthema.

Uwe Wiesner: Ja, aber nicht nur. Da gehören auch Anleihen dazu. Und hier legen wir weltweit an. Auch Anleihen aus Schwellenländern sind hier interessant. Die Renditen sind einfach höher als derzeit in Europa. Wir investieren beispielsweise in einen Rentenfonds, der Anleihen aus 60 Ländern mit A-Rating im Portfolio hat. In Lokalwährung. Unterm Strich sind für europäische Anleger um die 5 Prozent Rendite per annum drin. Angesichts der niedrigen Zinsen hierzulande ist das ein mehr als nur ordentlicher Wert. Zum Thema „regelmäßige Einnahmen" gehört aber auch eine Optionsstrategie, bekannt unter dem Namen „Covered Call Writing": Man kauft eine Aktie, und gleichzeitig verkauft man eine Call-Option auf diese Aktie. Für diesen Verkauf erhält man eine sogenannte Stillhalterprämie. Steigt der Aktienkurs über einen bestimmten Wert hinaus, muss man die Aktie den Käufern der Option liefern. Die Stillhalterprämie darf man aber auf jeden Fall behalten.

Frank: Das klingt kompliziert.

Uwe Wiesner: Für Vermögensverwalter ist das ein Standardgeschäft. Nichts wirklich Aufregendes. Es handelt sich hier zwar um Optionsgeschäfte an der Terminbörse, aber es geht hier nicht darum, mit Hebelwirkung ein hohes Risiko einzugehen, sondern im Gegenteil: Es ist ein sehr defensives Geschäft, das seinen Reiz daraus zieht, immer wieder geringe Erträge zu erwirtschaften.

Hagen: Was ist der dritte Eckpunkt?

Uwe Wiesner: Der dritte Punkt ist eine gute weltweite Diversifikation. Wir suchen Gelegenheiten in anderen Währungsräumen, allerdings nicht um jeden Preis. Das muss schon einen Mehrwert bieten. Wenn wir Anlagen weltweit streuen wollen, tun wir das beispielsweise nicht einfach, indem wir ein Indexzertifikat auf den MSCI World kaufen. Da stecken rund 50 Prozent US-Aktien drin. Das ist nicht das, was wir unter „Welt" verstehen. Wir haben US-Aktien sogar eher untergewichtet. Wir schauen, wo die wirklich starken Wachstumsregionen sind. Und da fällt unser Blick vor allem auf Asien.

Hagen: Ganz Asien?

Uwe Wiesner: Grundsätzlich ja. Aber man muss natürlich immer schauen, wo sich Gelegenheiten bieten. Japanische Aktien zum Beispiel sind langfristig spannend. In Japan gibt es etliche Firmen, die technologisch weit vorn sind und wirklich gutes Geld verdienen. Man muss hier allerdings auch immer die Währungsseite im Blick behalten. Japan hat als Exportnation ein immenses wirtschaftliches Interesse an einem schwachen Yen. Wenn man also in japanische Aktien investiert, sollte man das immer mit einer Währungsabsicherung tun. Sonst werden für mich als Anleger aus dem Euroraum eventuelle Kursgewinne an der japanischen Börse schnell wieder vom Währungsverlust Yen gegen Euro aufgefressen.

Frank: Wenn ich etwas über Japan lese, wird in den Artikeln oft das Problem des demografischen Wandels angesprochen. Das scheint schlimmer zu sein als bei uns. Wir haben ja wenigstens noch Zuwanderung. Aber das ist in Japan kaum der Fall. Ist das nicht eine enorme Wachstumsbremse?

Uwe Wiesner: Die Japaner haben aus ihrer Not eine Tugend gemacht. Es ist ohnehin ein Volk mit einerseits zwar sehr traditionellem Denken, andererseits aber auch mit einer enormen Aufgeschlossenheit gegenüber neuen Technologien. Der massive Einsatz von Robotern in der Industrie und auch im privaten Bereich ist in Japan viel weiter fortgeschritten als hierzulande. Wenn wir hier irgendwann einmal Cyborgs im Haushalt herumlaufen haben, die uns im Alter beim Abwaschen helfen, uns beim Treppensteigen unterstützen und vielleicht sogar bekochen, dann ist die Wahrscheinlichkeit groß, dass diese Maschinen aus japanischer Produktion stammen. Roboter werden dort schon in der Seniorenbetreuung eingesetzt. Die Überalterung der Gesellschaft in Japan hat da den nötigen Druck und auch eine Nachfrage erzeugt, die zu großen technologischen Sprüngen auf diesem Gebiet geführt haben.

Hagen: Der große Wachstumstreiber in Asien ist aber doch China, oder?

Uwe Wiesner: Unbestritten. Was da passiert, ist der Wahnsinn. Als Investor sollte man sich aber nicht von den Wachstumszahlen blenden lassen. Wir haben leider keine eigenen Experten vor Ort.

Deshalb investieren wir breit gestreut in Indexfonds und -zertifikate. Wir haben nur einen gemanagten Fonds im Portfolio, ansonsten lautet unsere Maxime hier: Wir gehen mit dem breiten Markt. Und dann auch nur mit A- und H-Aktien*.

***Das kleine chinesische Börsenalphabet**

A-Aktien: Nur chinesische Staatsbürger können die an den beiden Handelsplätzen in Schanghai und Shenzhen notierten Aktien chinesischer Unternehmen gegen Yuan kaufen.

B-Aktien: Das sind Aktien chinesischer Unternehmen, die in Schanghai oder Shenzhen in US-Dollar oder Hongkong-Dollar gehandelt werden. Ein winziges, illiquides Segment, zugänglich für wenige ausländische und einige chinesische Investoren.

H-Aktien: Das sind Wertpapiere festlandchinesischer Unternehmen, die an der Börse der Sonderverwaltungszone Hongkong gegen Hongkong-Dollar gehandelt werden.

N-Aktien: Hierbei handelt es sich um Wertpapiere festlandchinesischer Unternehmen, die an der New Yorker Börse als ADR gehandelt werden. Die Unternehmen müssen nach US-GAAP bilanzieren.

P-Chips (P-Aktien): Im Ausland – vorwiegend in Hongkong und New York – notierte Aktien festlandchinesischer Entrepreneure.

Red Chips (Rote Aktien): In Hongkong gehandelte Aktien von Unternehmen, die ihren Firmensitz in Hongkong haben. Von dort operieren sie in Festlandchina. Allerdings besitzen sie in der Regel dank einer ausgeklügelten Strategie einen festlandchinesischen Eigentümer im Hintergrund.

S-Aktien: Shares sind jene Aktien chinesischer Unternehmen, die in Singapur gelistet sind. Sie haben keine beschränkte Handelbarkeit.

Hagen: Und was ist der vierte Eckpunkt Ihres Rahmens?

Uwe Wiesner: Individuelle Risikooptimierung spielt für uns eine große Rolle. Wenn wir uns mit unseren Kunden unterhalten, geben sich viele von ihnen zunächst mutiger, als sie es dann tatsächlich sind, wenn die Börsenkurse mal fallen. Da sondieren wir sehr genau, wie viel Kurs-Schmerz ein Kunde tatsächlich bereit ist auszuhalten. Und davon ziehen wir noch einmal ordentlich etwas ab. Wir setzen zur Risikoreduziereng hier gerne Aktienanleihen oder Discountzertifikate ein. Das beschränkt zwar die Gewinnaussichten, sorgt aber für einen gewissen Risikopuffer. Mit solchen Strategien fahren wir insbesondere in schwächeren Börsenzeiten ganz gut. Da sind die Kunden dankbar, wenn sie nicht so viel verlieren wie der breite Markt. In starken Börsenjahren kosten solche Strategien ein paar Punkte an Performance, aber das nehmen wir in Kauf. Ein Minus im Depot ertragen unsere Kunden schließlich weniger gut als ein weniger großes Plus im Vergleich zum Gesamtmarkt. Aber wie gesagt: Das ist nur einer von mehreren Ansätzen. Auch beim Kauf einzelner Aktien achten wir auf eine möglichst geringe Anfälligkeit für Kursverluste.

Frank: Haben Sie eine Lieblingsaktie?

Uwe Wiesner: Keine einzelne Aktie, aber eine Lieblingsbranche, die in den kommenden Jahren noch deutlich mehr von sich reden machen wird als jetzt schon: die Gesundheitsbranche. Damit meine ich übrigens nicht Pharma, sondern eher Medizintechnik und Services. Da passiert unheimlich viel. Ein schönes Beispiel dafür ist der vierarmige Operationsroboter Da Vinci von der Firma Intuitive Surgical. Chirurgen können mit dem Roboter die Qualität ihrer Operationen steigern. In nicht allzu ferner Zukunft werden sie auch via Internet in der Ferne operieren können. Aber es muss gar nicht so spektakulär sein. Fitnesstracker zum Beispiel sind ein kleines, hochwirksames Instrument. Kunden werden zum Sport motiviert, die Krankenkassen sparen langfristig Geld, und die Branche erhält wertvolle Daten von den Anwendern. Und dann wäre da noch das Thema Gentests. In den USA ist das schon ein sehr dynamischer Markt. Für ein paar Dollar kann da jeder über sich erfahren, ob er ein erhöhtes Risikopotenzial für bestimmte Krankheiten in sich trägt.

Frank: Will man das wirklich wissen? Man macht sich im Zweifelsfall doch nur verrückt, oder?

Uwe Wiesner: Aus eigener Erfahrung kann ich sagen: Es kann zu einem besseren Leben führen. Ich habe nach einem Gentest mit dem Rauchen aufgehört und mit Golfen angefangen.

Frank: Und? Haben Sie Ihr Handycap schon reduzieren können?

Uwe Wiesner: Ich bin zwar ehrgeizig, aber nicht beim Golf. Der Sport soll mir ja guttun und mich nicht zusätzlich stressen.

Hagen: Golf zu spielen, ist sicher auch hilfreich, um neue Kunden kennen zu lernen.

Uwe Wiesner: Kann sein, dass der eine oder andere die Umgebung auch für Akquise nutzt. Aber ich spiele Golf tatsächlich vor allem, um mich an der frischen Luft zu bewegen. Es tut mir gut. Ich begegne zwar auch mal einem Kunden, aber dann unterhalten wir uns über private Themen. Da kann es sicher auch mal um Ernsteres gehen, wie zum Beispiel die Themen Vorsorgevollmachten oder Nachfolgeplanung. Man spricht darüber, aber ich unterbreite sicher nicht irgendwelche Anlagekonzepte, während ich irgendwo im Sandkasten mal wieder nach meinem Golfball suche.

Hagen: Gibt es ein Erlebnis in Ihrem beruflichen Leben, das Sie besonders geprägt hat?

Uwe Wiesner: Jetzt, wo Sie mich so fragen: vielleicht der erste selbst erlebte Börsencrash 1987. Auslöser war damals sicherlich die Zinspolitik und fehlende Sicherungsinstrumente an den Märkten. Es war damals ein wirklicher schwarzer Schwan. Ich habe mein Portfolio zusammenschnurren sehen und nach Lösungen aus der Misere gesucht. Egal, ob Freunde, Berater, Profis, niemand konnte mir befriedigende Antworten auf meine Fragen geben oder mir sogar helfen.

Hagen: Was haben Sie aus dieser Zeit mitgenommen?

Uwe Wiesner: Erstens: Man sollte niemals die schwarzen Schwäne aus dem Blick verlieren. Es gibt eben manchmal zu viele davon. Zweitens: Man sollte immer einen Plan B haben.

Frank & Hagen: Herr Wiesner, wir danken Ihnen für die Zeit, die Sie sich für dieses Interview genommen haben, und wünschen uns und Ihnen nicht zu viele schwarze Schwäne.

Steckbrief

Hansen & Heinrich AG

Uwe Wiesner,
Vermögensverwalter

Geschäftsführung: Timon Heinrich, Dr. Lars Slomka
Gründungsjahr: 2001
Anzahl der Verwalter: 4 Mandantenbetreuer, 10 Vermögensverwalter, 5 Immobilienverwalter
Verwaltetes Vermögen: circa 350 Millionen Euro
Höhe des erforderlichen Anlagevolumens: individuell ab 500.000 Euro, auf Fondsbasis ab 25.000 Euro
Kunden-Zielgruppe: vermögende Privatkunden, Stiftungen, Unternehmen
Dienstleistungsangebot: Wertpapiervermögensverwaltung, Finanzplanung, Hausverwaltung, Nachfolgeregelung, Nachlassverwaltung, Testamentsvollstreckung, Beratung bei Stiftungsgründung, betriebliche Altersvorsorge
Spezielle Kompetenzen: Gedeckte Stillhaltergeschäfte auf Aktien, Portfoliomanagement für Stiftungen
Adresse: Toni-Lessler-Straße 23, 14193 Berlin-Grunewald
Telefon: 030/7675 855 30
E-Mail: info@hansen-heinrich.de
Internet: www.hansen-heinrich.de

Wenn wir unserer Gesellschaft wieder eine Rückbesinnung auf alte ehrbare Kaufmannswerte geben wollen, dann dürfen wir nicht lamentieren, sondern müssen vorangehen und unsere Werte vorbildlich leben. Reden und Handeln müssen im Einklang stehen.

WOLFGANG KÖBLER

Wolfgang Köbler – KSW Vermögensverwaltung AG

STRENGE GRUNDSÄTZE UND EIN JAHRHUNDERT-DEPOT

Wir schlagen einen Bogen nach Süden – nach Nürnberg. Wir haben großen Respekt vor dieser Stadt. Einerseits wegen der Geschichte. Martin Luther nannte Nürnberg „das Aug‘ und Ohr Deutschlands“. Bis heute ist das Frankenland tief protestantisch geprägt. Auch Wolfgang Köbler, den wir in Nürnberg besuchen, ist überzeugter Protestant. Später im Gespräch mit ihm wird uns bewusst, warum es sich im Leben lohnen kann, Max Webers Aufsatz „Die protestantische Ethik und der Geist des Kapitalismus“ zu lesen.

Ein weiterer Grund, warum wir Nürnberg spannend finden, ist der Immobilienmarkt hier. Auch dieser ist nicht zuletzt aufgrund historischer Ereignisse interessant: Im Zweiten Weltkrieg gehörte Nürnberg zu den meistzerstörten Städten Deutschlands. Die Geschichte des Wiederaufbaus hatte Implikationen auf die Entwicklung des Immobilienmarktes. Die traditionsbewussten Nürnberger wollten nicht nur Wohnraum schaffen, sondern ihr historisches Erbe retten. So behielt die Altstadt nach dem Wiederaufbau ihren mittelalterlichen Charakter und ist bis heute eine Touristenattraktion. Die Verkehrsführung geriet jedoch nicht immer optimal, und rechts und links des Altstadtkerns wurden auch Bausünden begangen. Vielleicht war diese Vorgeschichte ein Grund dafür, warum sich die Immobilienpreise in den folgenden Jahrzehnten nur im unteren mittleren Bundesdurchschnitt bewegten und deutlich hinter der Entwicklung in Bayern zurückblieben. Doch in den vergangenen Jahren hat der Immobilienboom auch Nürnberg erreicht, das sich zusammen mit mehreren Städten aus Nordbayern seit einiger Zeit als „Metropolregion Nürnberg" vermarktet. Dort leben mittlerweile rund 3,5 Millionen Menschen. Eigentumswohnungen in Nürnberg kosteten Ende 2018 je nach Wohnungsgröße im Durchschnitt zwischen 3.500 und 5.000 Euro pro Quadratmeter. Der Immobilienmarkt in der Stadt der Reformation gehört somit zu den teureren in der Republik. Kleine und mittelgroße Wohnungen sind mittlerweile teurer als in Düsseldorf. Das ist schon eine Ansage.

Wolfgang Köbler ist kein Mann mit Schnörkeln

Wir treffen uns mit Wolfgang Köbler in seinem Büro im Nordostpark, außerhalb der Altstadt Nürnbergs. Die KSW Vermögensverwaltung AG liegt in einem Gewerbepark im Nordosten Nürnbergs, weit weg von der historischen Burg. Der Vorteil: Köbler, der westlich von Nürnberg in Fürth wohnt, pendelt zu seinem Arbeitsplatz, ohne durch den Nürnberger Berufsverkehr in der Innenstadt zu müssen. Ein weiterer, aber wesentlicher Grund: Die KSW konnte dort 2017 ihr eigenes Bürogebäude errichten, mit ausreichend Parkplätzen direkt vor der Tür. Das moderne Bürogebäude zeichnet sich besonders durch den nachhaltigen energieeffizienten Baustil aus. Eine eigene Photovoltaikanlage mit Batteriespeicher versorgt das komplette Gebäude mit Strom und liefert neben der Versorgung des eigenen Elektrofuhrparkes auch noch genügend Energie, um den Kunden eine eigene E-Ladesäule zur Verfügung zu stellen.

Im Vergleich zu anderen Vermögensverwaltern, die wir im Laufe der vergangenen Monate besucht haben, residiert Köbler vergleichsweise nüchtern. Eigentlich ist das kein Wunder. Die fränkische Bodenständigkeit ist in diesem Haus, das merken wir schnell, tief verwurzelt. Köbler ist kein Mann mit Schnörkeln. Als er sich selbstständig gemacht hat, blickte er bereits auf ein Vierteljahrhundert Bankerfahrung zurück, zuletzt als Direktor im Wealth Management bei der Dresdner Bank, der damals zweitgrößten Privatbank Deutschlands. Doch die Grundsätze, nach denen die Banken, nicht nur die Dresdner, zunehmend ihr Geschäft damals betrieben, stimmten immer weniger mit seinen persönlichen Überzeugungen überein. „In den Chefetagen der deutschen Banken wurde über den großen Teich in die USA geschielt. Die deutschen Institute gingen auf Einkaufstour, um sich im regnerischen London gewinnbringende Investmenteinheiten aufzubauen. Durch die Konzentration auf das Investmentbanking vernachlässigte man das Inlandsgeschäft und verpasste notwendige Strukturanpassungen", erzählt Wolfgang Köbler uns in einem Vorgespräch. Die Entwicklung betrachtete er mit Sorge. Denn, so sagt er, es war ihm schon damals wichtig, dauerhaft Mehrwert zu schaffen. Das Prinzip der Umverteilung und Verdrängung war ihm zuwider. „Für mich ist es wichtig, meinem Gegenüber stets als ehrbarer Kaufmann zu begegnen. Man muss sich an den Wünschen des Kunden orientieren und Ansprechpartner für dessen verschiedenste finanzielle Problemstellungen sein", sagt Köbler. Er zog die Konsequenzen und verließ die Bank.

Im Jahr 2004 begegnete er dem ehemaligen Vereinsbanker und studierten Juristen Udo Schindler, der 1997 bereits den Weg in die Selbstständigkeit gewagt hatte. Die ursprüngliche Einzelfirma firmierte um in KSW Vermögensverwaltung AG. Seit 2004 ist Wolfgang Köbler Partner und Vorstand. Er managt nicht nur ein Family-Office und einige Vermögensverwaltungsmandate, sondern ist nebenberuflich auch Aufsichtsratsmitglied einer börsennotierten Gesellschaft, ehrenamtlich Finanzvorstand für den Martin Luther Verein in Bayern und im Prüfungswesen der IHK tätig. Der Mann hat Disziplin. Wir überlegen, ihn zu fragen, ob er das Wort Freizeit kennt, zögern aber, weil wir befürchten, dass er unsere Frage zu persönlich findet. Dann fragen wir aber doch.

Frank: Herr Köbler, was machen Sie in Ihrer Freizeit?

Wolfgang Köbler: Ich spiele Golf. Da kann ich komplett abschalten.

Hagen: Das klingt irgendwie beruhigend. Als wir Ihren Lebenslauf im Vorfeld unseres Treffens studiert haben, haben wir jemanden erwartet, der sich überhaupt keine Ruhe gönnt.

Wolfgang Köbler: So ist das mit Lebensläufen, wenn man sie zu Papier bringt. Das Private bleibt in der Regel außen vor. Aber das finde ich auch gut so. Ich muss nicht jedem mitteilen, ob ich gerade segele oder Golf spiele.

Frank: Sie segeln?

Wolfgang Köbler: Einmal im Jahr bin ich gemeinsam mit engen Freunden für eine Woche im Mittelmeer unterwegs. Mallorca, Kroatien, Ägäis – das tut gut, wenn man ansonsten hart durchgetaktet durchs Jahr geht und jeden Tag immer mehrere Aufgaben gleichzeitig im Blick halten muss.

Hagen: Eine Woche klingt in der Tat nicht nach viel Erholung.

Wolfgang Köbler: Nicht jede Tätigkeit ist Arbeit, wenn man sie gern macht. Ich bin zum Beispiel Gründungsmitglied der Rotarier in unserer Region. Wir organisieren Veranstaltungen und sammeln Spenden für gemeinnützige Projekte. Das könnte man als Arbeit bezeichnen. Aber das ist ein Teil meiner Freizeit, den ich mit Freude für eine gute Sache gebe. Und nebenbei sorgt meine Tätigkeit auch noch dafür, dass ich sehr gut in der Region vernetzt bin. Eine Grundidee der Rotarier ist ja auch, dass in den Clubs jede Berufsgruppe nur einmal vertreten ist. Das sorgt dafür, dass man mit Menschen aus sehr verschiedenen Berufsfeldern und Lebensbereichen zusammenkommt. Deshalb raubt mir mein Engagement dort auch keine Kraft, sondern es bereichert mein Leben. Ebenso wie mein kirchliches Engagement.

Frank: Sie sind Protestant.

Wolfgang Köbler: Ja. Das ist hier im Frankenland natürlich nichts Besonderes. Aber christliche Werte sind für mich ein Grundpfeiler im Leben, meine Kindheit und Jugend im christlichen Jugendbund in Bayern haben mich sehr geprägt. Ich sehe die Kirche nicht nur an Weihnachten von innen. Darüber hinaus habe ich auch beruflich mit kirchlichen Institutionen zu tun.

Hagen: Die Kirche will ihr Vermögen sicher gut verwaltet wissen.

Wolfgang Köbler: Naja, bevor hier Missverständnisse aufkommen: Es ist jetzt nicht so, dass ich das gesamte Vermögen der evangelischen Kirche in Franken verwalte. Da sollte man, wie man so schön sagt, die Kirche im Dorf lassen. Aber die Kontakte zu einigen kirchennahen Institutionen sind eben da. Angefangen hat das damit, als ich vor 20 Jahren während meiner Tätigkeit in der Dresdner Bank einen Diakonieverein bei der wirtschaftlichen Sanierung ehrenamtlich unterstützt habe. Seit dieser Zeit bin ich in Diakoniekreisen gut vernetzt. Finanzgeschäfte sind eben Vertrauenssache. Und hier habe ich mir mit meiner Arbeit über die Jahre hinweg eben eine gute Basis geschaffen.

Hagen: Das Thema „Kirche und Finanzen“ ist kein einfaches. Die Kirche macht ja im Rahmen von Vermögensverwaltungsmandaten, die sie erteilt, normalerweise sehr strenge Vorgaben, in welche Unternehmen Kirchenkapital investiert werden soll – und vor allem, in welche Unternehmen nicht investiert werden soll.

Wolfgang Köbler: Damit haben wir kein Problem. Im Gegenteil. Wir haben unseren eigenen Kriterienkatalog für Investitionen im ESG-Bereich entwickelt, also für die Themen Environmental, Social und Governance. Das wird gemeinhin auch unter Begriffen wie „nachhaltiges Investieren", „ethisch korrektes Investieren" oder auch „grünes Investieren" zusammengefasst. Das Feld der Labels, Bezeichnungen und Regelkataloge ist weit. Wir sind mit unserem eigenen Kriterienkatalog auf jeden Fall sehr streng.

Frank: Wie streng genau?

Wolfgang Köbler: Für uns kommen als Investitionsziel nur Aktien von global agierenden, großen Unternehmen infrage. Und da können wir unter Anwendung unseres Regelkatalogs rund tausend Unternehmen sofort streichen. Unternehmen, deren Geschäftsbereiche mit Waffen, Alkohol, Drogen oder Kinderarbeit in Verbindung zu bringen sind, fallen bei uns durchs Raster. Dazu kommen weitere soziale und ökologische Aspekte, die zu Ausschlusskriterien führen. Wenn man sich die weltweit agierenden Konzerne mit ihren weit verzweigten Aktivitäten genauer ansieht, dann haben erstaunlich viele davon keine reine Weste – jedenfalls nach unseren ESG-Maßstäben.

Hagen: Und das machen Sie nur wegen der Kirche?

Wolfgang Köbler: Da muss ich ein wenig ausholen. Natürlich fordern kirchliche Institutionen besondere Investitionskriterien. Diakonische Einrichtungen erfüllen kirchlich-diakonische Zwecke und Aufgaben als „tätige Nächstenliebe". So steht es zum Beispiel in den Statuten der 19 Diakonischen Werke. Man kann nicht auf der einen Seite für „Brot für die Welt" sammeln und auf der anderen Seite in Rüstungsunternehmen investieren. Deshalb haben die Institutionen der evangelischen Kirche zu Recht hohe Ansprüche, wenn es um die Verwaltung ihrer Finanzen geht. Aber wir haben auch unabhängig von solchen Mandaten ein Auge auf die Nachhaltigkeit von Investments in den Portfolios, die wir betreuen.

Frank: Wer kommt zu Ihnen?

Wolfgang Köbler: Wir machen kein Massengeschäft, sondern konzentrieren uns auf ausgesuchte Mandate in unserer Region. Wir beschränken uns hier bewusst regional. Wir wollen für unsere Kunden in der Nähe sein, wenn es darauf ankommt. Derzeit betreuen wir mit 13 Portfoliomanagern rund 600 Familienverbünde mit etwa 800 Mandaten mit einem Volumen von etwa 800 Millionen Euro, viele davon sind schon lange bei uns. Neben gemeinnützigen Stiftungen liegt unser Schwerpunkt zu rund 80 Prozent auf privaten Vermögensverwaltungsmandaten. Hier finden sich Unternehmer, Ärzte und im Ruhestand befindliche vermögende Privatpersonen wieder. Wir machen für jeden Kunden einen komplexen Finanzplan, in dem wir alle möglichen Lebensbereiche, die mit Geld zu tun haben, berücksichtigen. Dazu gehört beispielsweise das Thema Steuer, ehevertragliche Gestaltungen, Testament und Nachlassregelungen. Für unsere Kunden haben wir überdies einen Notfallordner entwickelt.

Frank: Sozusagen Rundumbetreuung von der Wiege bis zur Bahre.

Wolfgang Köbler: So könnte man sagen. Aber das ist kein Selbstzweck. Wer zum Beispiel schon einmal in der Situation war, dass ein enger Angehöriger stirbt, oder in eine Situation gerät, in der er nicht mehr selbst entscheiden kann, der ist dankbar für einen Notfallordner, in dem alle wichtigen Daten zusammengefasst sind. Wo findet man was? Gibt es wichtige Passwörter für den Zugang zu Dokumenten? Eine Auflistung von Konten und vorformulierten Vollmachten kann sehr hilfreich sein. Das sind nur Beispiele. Ein „Ordner" kann auch nur den Umfang einer DIN-A4-Seite haben. Das klingt wenig, ist aber eine sehr, sehr praktische Unterstützung für eben den Notfall. Ein anderer Punkt sind kostenlose Kinderkonten. Wir bieten so etwas an, weil der Faktor Zeit durch den Zinseszinseffekt in der Finanzmathematik eine wichtige Rolle spielt. Die Faustformel ist ganz einfach: Je früher man anfängt mit dem Vermögensaufbau, desto größer ist der Renditeeffekt. Da lässt sich schon mit kleinem Geld über die Zeit viel erreichen.

Hagen: Das klingt nach viel Dienstleistung rund um das eigentliche Asset Management.

Wolfgang Köbler: Eine gute Vermögensverwaltung ist nach unserem Verständnis mehr als das Verwalten von Vermögen. Es geht eben nicht nur ums Geld als Selbstzweck. Es geht darum, finanzielle, rechtliche und auch versicherungstechnische Aspekte so zu organisieren, dass man ein möglichst unbeschwertes Leben führen kann. Hier eine neutrale, fachlich fundierte Analyse ohne Produktabsatz zu erhalten, ist am Markt eher selten zu finden. Abseits vom Thema Geld hält das Leben schon genug Überraschungen bereit. Wir versuchen durch unsere Arbeit, unseren Kunden, wenn es ums Vermögen und all diese Dinge geht, die ich eben angesprochen habe, den Rücken freizuhalten.

Hagen: Um jetzt doch einmal aufs Thema Asset Management zu sprechen zu kommen: Gibt es einen besonderen Ansatz, mit dem Sie sich von anderen Vermögensverwaltern unterscheiden?

Wolfgang Köbler: Wir verfolgen einen langfristig ausgerichteten Investmentansatz ohne unnötige Transaktionen. Unser Fokus liegt auf dem Vermögenserhalt unserer Kunden. Wir wollen eine nachhaltige Wertsteigerung des uns anvertrauten Vermögens bei möglichst geringen Schwankungen erreichen. Performance, Risiko, Liquidität und insbesondere auch Kosten müssen im passenden Verhältnis zueinander stehen. Wenn es um Aktien geht, setzen wir auf ertrags- und substanzstarke sowie liquide gehandelte Unternehmen.

Hagen: So weit klingt das ähnlich wie das, was wir auch von anderen Vermögensverwaltern gehört haben.

Wolfgang Köbler: Das kann sein. Es wäre ja auch merkwürdig, wenn wir komplett andere Prinzipien hätten. Was uns aber besonders auszeichnet, ist unser KSW Selektionsmodell für Aktien, das wir bereits seit vielen Jahren einsetzen und im August 2016 in Zusammenarbeit mit der TU München neu aufgesetzt haben. Bei unserem Modell handelt es sich um ein sogenanntes Multifaktormodell, welches auf akademisch validierten Risikoprämien beruht und durch neue Analyseansätzen optimiert wurde. Dazu werden zum Beispiel überwiegend prognostizierte Finanzdaten und keine historischen Daten eingesetzt.

Hagen: Wenn Sie eher auf errechnete Prognosen als auf historische Daten setzen, klingt das fast schon nach einem KI-Konzept, also künstlicher Intelligenz.

Wolfgang Köbler: Mag sein, dass Konkurrenten ähnliche Ideen verfolgen und das dann so nennen. Aber ich bin mit solchen Klassifizierungen vorsichtig. Nicht alles, was mit dem Computer errechnet wird, ist gleich KI. Da wird teilweise viel zu dick aufgetragen. Das auch als „Factor Investing" bezeichnete Vorgehen verfolgt einfach nur einen speziellen Analyseansatz, der darauf abzielt, höhere Renditen bei geringeren Schwankungen zu erzielen.

Hagen: Können Sie dann das Prinzip näher erklären?

Wolfgang Köbler: Seit Jahrzehnten forscht die Wissenschaft nach Risikoprämien und Faktoren, die die Aktienkursentwicklung erklären. Es gibt eine ganze Reihe von Theorien dazu. Beim sogenannten Factor Investing werden diese Erkenntnisse über potenzielle Renditetreiber genutzt, um eine Outperformance zu generieren. Wir haben in Zusammenarbeit mit der TU München ein eigenes Aktienselektionsmodell entwickelt, um diese wissenschaftlichen Erkenntnisse mit den langjährigen Erfahrungen des eigenen Portfoliomanagements zu verbinden. Hierzu wurden knapp 100 akademische Studien ausgewertet, um die Renditetreiber mit den besten Chance-Risiko-Verhältnissen sowie deren Kombinationsmöglichkeiten auszumachen. Diese haben wir anschließend für verschiedene Aktienmärkte und Zeiträume getestet. Ziel dieser aufwändigen Auswahl ist es, ein internationales Aktienportfolio mit hoher Substanz, stabiler Wertentwicklung und einer geringen Volatilität, also Schwankungsbreite, zu generieren. Das Anlageuniversum, das wir dafür nutzen, besteht aus 2.000 Aktien aus Industrie- und Schwellenländern, vor allem Large Caps.

Hagen: Das hört sich sehr komplex an.

Wolfgang Köbler: Die Kunst besteht darin, sich nicht in der Masse der Daten zu verlieren, sondern die entscheidenden Schlüsse zu ziehen. Es gibt tatsächlich eine Vielzahl an Kriterien, anhand derer Aktien bewertet werden können. Wir fokussieren uns aber auf eine Auswahl von nur fünf Faktoren, anhand derer wir die quantitative Analyse vornehmen.

Hagen: Können Sie mir diese fünf Faktoren nennen?

Wolfgang Köbler: Gerne. Zum einen haben wir den Faktor „Value“: Der Value-Ansatz wird genutzt, um robuste Ergebnisse zu erhalten und das Verhältnis von Firmenwert und Bewertung an der Börse zu bestimmen. Denn es geht ja beim Kauf oder Verkauf von Aktien in der Regel darum, unter- oder überwertete Unternehmen zu identifizieren und sie je nach Bewertung zu kaufen oder zu verkaufen. Der Faktor besteht deshalb aus verschiedenen Variablen wie zum Beispiel Kurs-Gewinn-Verhältnis und Kurs-Buchwert-Verhältnis. Das Value Investing ist ein bewährter Faktor und hat große akademische sowie praktische Bedeutung.

Hagen: Der zweite Faktor …

Wolfgang Köbler: … ist die Qualität. Aktien von Unternehmen mit einer hohen Profitabilität und damit einer hohen Qualität haben eine höhere erwartete Rendite. Bei der Modellierung für unser System wurden gängige Industriemodelle hinterfragt. Denn für den Bereich „Qualität“ gibt es zahlreiche Bewertungskennzahlen und Definitionsmöglichkeiten. Nicht jede davon liefert Ergebnisse, mit denen wir zufrieden waren. Bei der KSW verwenden wir unter anderem die komplex zu berechnende sogenannte cash-based operating profitability. In der Kennzahl wird die Bruttoprofitabilität um Bilanzveränderungen im Vergleich zum Vorjahr korrigiert. Als dritten Faktor nutzen wir den Trend, der auch Momentum genannt wird. Hierbei handelt es sich um einen sogenannten trendfolgenden Faktor. Es wird die Entwicklung des Aktienkurses über einen bestimmten historischen Zeitraum gemessen und daraus die Wahrscheinlichkeit für die zukünftige Bewegung errechnet.

Hagen: Hier blicken Sie also doch in die Vergangenheit zurück.

Wolfgang Köbler: Beim Trend ist das kein Fehler. Denn Sie können davon ausgehen, dass eine Vielzahl von Analysemethoden darauf beruht und daraus eine Zukunftsprognose errechnet. Es ist also eine Art sich selbsterfüllende Prophezeiung. Es wäre eher fahrlässig zu versuchen, gegen den Trend zu agieren, wenn die Mehrzahl der konkurrierenden Handelssysteme genau andersherum funktioniert.

Hagen: Ist es nicht riskant, mit der Masse schwimmen zu wollen?

Wolfgang Köbler: Sie sprechen einen wichtigen Punkt an, nämlich unseren vierten Faktor: ein niedriges Risiko. Und hier achten wir durchaus darauf, dass wir nicht rein opportunistisch dem Markt folgen. Im Gegenteil. Es handelt sich hier um eine defensive Komponente unseres Selektionsprozesses mit hoher Relevanz. Als Argument für die Aufnahme des Low-Risk-Faktors ist uns vor allem folgende Annahme wichtig: Aktien aus dieser Selektion sind defensiv und antizyklisch. In einem positiven Marktumfeld ist die Wertentwicklung etwas niedriger, während diese Aktien sich in einem negativen Marktumfeld besser entwickeln als der Durchschnitt. Zur Berechnung des Low-Risk-Faktors werden neben Volatilität auch komplexere Risikoparameter wie „conditional Value-at-Risk“, also potenzielles, außergewöhnliches Verlustrisiko, und „Downside Beta“, die Reaktion der Einzelaktie bei fallenden Gesamtmärkten, eingesetzt. Ziel dieses Faktors ist die Stabilisierung unserer Aktienselektion, ohne Rendite opfern zu müssen.

Hagen: Womit wir bei Faktor Nummer fünf wären.

Wolfgang Köbler: Das ist der Faktor Nachhaltigkeit.

Frank: Sie sprachen schon davon. Das sind die Unternehmen, die den Test durch Ihren ESG-Kriterienkatalog bestehen.

Wolfgang Köbler: Richtig. Unternehmen, die unserer Meinung nach nachhaltig arbeiten, werden bevorzugt bei der Aktienselektion bewertet. Zum Schluss führen wir unsere Faktoren in unterschiedlicher Gewichtung zusammen. Das stellt einen der wichtigsten Schritte in der Aktienselektion dar. Die ausgeklügelte Kombination bietet uns entsprechende Diversifikationsmöglichkeiten, da sich die Faktoren zum Beispiel in Konjunkturzyklen unterschiedlich verhalten und unterschiedliche Rendite-Risiko-Profile aufweisen. Wir verfeinern dieses System übrigens ständig. Im März 2018 haben wir das globale Anlageuniversum, das wir betrachten, auf 2.000 Aktien aus den Industrie- und Schwellenländern ausgedehnt. Und im August haben wir eine Neugewichtung der Faktoren nach einer Analyse der bisherigen Ergebnisse in Zusammenarbeit mit der Friedrich-Alexander-Universität Erlangen-Nürnberg vorgenommen.

Frank: Wir reden hier ja über Aktiendepots. Da bleibt es doch trotz aller wissenschaftlichen Forschung nicht aus, dass die Kurse auch mal fallen. Wie erklären Sie das dann Ihren Kunden?

Wolfgang Köbler: Bei Aktien ist das so. Deren Kurse steigen und fallen. Das muss ja sogar so sein, sonst fände an der Börse gar kein Handel statt. Wer in Aktien investiert, muss das aushalten können. Deshalb führen wir ja auch intensive Gespräche mit unseren Kunden, wo wir abfragen, wie viel Kursschwankung sie bereit sind auszuhalten. Unsere Erfahrung ist: Je älter die Kunden sind und je mehr Erfahrung sie mit Börsengeschäften haben, desto realistischer sehen sie das. Und sie gehen auch mit weniger Angst an das Thema heran, sondern sehen die Chancen. Ich kann mich an einen Kunden erinnern, der im Jahr 2008, direkt nach der Lehman-Pleite und dem Börsencrash gesagt hat: „Das sitzen wir nicht nur aus. Jetzt kaufen wir nach."

Frank: Im Nachhinein betrachtet war das ja eine gute Idee. Aber man muss da schon sehr langfristig denken, oder?

Wolfgang Köbler: Dieser Kunde war damals 94 Jahre alt.

Frank: Chapeau!

Wolfgang Köbler: Wir haben eine ganze Reihe von erfahrenen Kunden. Für einige von ihnen haben wir auch Kapital in unser sogenanntes Jahrhundert-Depot investiert. Da sind vergleichsweise wenige Aktien drin. Das Depot wird nur zweimal im Jahr umgeschichtet. Wertschwankungen von bis zu 10 oder mehr Prozent sitzen wir – und dann natürlich auch unsere Kunden – einfach aus. Es ist ein einfaches Konzept, das langfristig funktioniert, aber nicht für Menschen mit schwachen Nerven und wenig Erfahrung taugt.

Hagen: Welche Faktoren nutzen Sie da für die Aktienauswahl?

Wolfgang Köbler: Der Selektionsprozess ist der gleiche wie gerade beschrieben. Das Anlageuniversum beschränkt sich jedoch auf Unternehmen, die schon mehr als 100 Jahre bestehen und somit Weltkriege sowie Wirtschaftskrisen überstanden haben. Diese Unternehmen haben ihre Anpassungsfähigkeit und Qualität bereits mehrfach unter Beweis gestellt.

Frank: Apropos Qualität: Haben Sie eine Lieblingsaktie? Vielleicht eine Aktie, auf die Sie in Ihrem eigenen privaten Depot besonders stolz sind?

Wolfgang Köbler: Wenn ich ein Unternehmen besonders herausheben müsste, dann vielleicht BASF. Der Konzern hat ein nachvollziehbares Geschäftsmodell, ist global gut aufgestellt, seit Jahrzehnten gut und vorausschauend gemanagt. Und eine hohe Dividendenrendite gibt es obendrauf. Das Unternehmen ist ein Vorbild an Solidität.

Frank & Hagen: Herr Köbler, wir wünschen Ihnen noch viel Erfolg und danken Ihnen für das sehr informative Gespräch.

Steckbrief

KSW Vermögensverwaltung AG

Geschäftsführung: Udo Schindler, Wolfgang Köbler (Foto), Roland Wörner, Josef Leibacher, Marc Pietzonka
Gründungsjahr: 1997
Anzahl der Verwalter: 13, insgesamt 17 Mitarbeiter
Verwaltetes Vermögen: circa 780 Millionen Euro
Höhe des erforderlichen Anlagevolumens: 250.000 Euro
Kunden-Zielgruppe: vermögende Personen, Familien, Unternehmen und gemeinnützige Stiftungen
Dienstleistungsangebot: strategische Finanzplanung, individuelle Vermögensverwaltung, Family Office, Nachfolgeplanung, Erben, Vererben und Schenken, Stiftungsmanagement, Immobilien- und Finanzierungsanalysen, Vorsorgeplanung/bAV
Spezielle Kompetenzen: Factor Investing, modernes Risikomanagement, Jahrhundert-Depot, KSW Selektionsprozess für Aktien und Investmentfonds
Adresse: Nordostpark 43, 90411 Nürnberg
Telefon: 0911/2177335
E-Mail: info@ksw-vermoegen.de
Internet: www. ksw-vermoegen.de

Aktien werden von Anlegern oft als riskant eingestuft – zu Unrecht.

KATHRIN EICHLER

Kathrin Eichler – Eichler & Mehlert Vermögensverwaltung GmbH

AUF DREI SÄULEN SICHER STEHEN

Wir sind in Düsseldorf-Oberkassel, dem vielleicht schönsten Wohnviertel von Düsseldorf, um Kathrin Eichler zu treffen. Die Häuser sind hier maximal zwei Etagen hoch, die Straßen mit den zweitteuersten Autos zugeparkt. Die teuersten sind gerade unterwegs oder stehen in den Garagen, von denen es hier viel zu wenige gibt. Die Garagenausfahrten freizuhalten von Falschparkern, dürfte eine große Herausforderung sein. Nicht weit entfernt von dem Haus, vor dem wir stehen, eine Parallelstraße weiter östlich, verläuft der Kaiser-Friedrich-Ring – die Uferstraße verläuft fast direkt am Rhein. Von dort aus hat man einen guten Blick auf die Promenade, den Kunstpalast und die Rheinterrasse auf der anderen Seite des Rheins, nahe an der Düsseldorfer Altstadt. Es gibt deutlich schlechtere Orte als diesen hier. Man muss es sich allerdings auch leisten können. Düsseldorf gehört zu den teuersten Städten der Republik. Eine 100-Quadratmeter-Wohnung kostet hier mit rund 5.000 Euro pro Quadratmeter doppelt so viel wie im Durchschnitt in Nordrhein-Westfalen. Eine Ausnahme sind sehr kleine Wohnungen mit etwa 30 Quadratmetern Wohnfläche. Sie sind mit etwa 3.500 Euro pro Quadratmeter nur so teuer wie im Bundesdurchschnitt und werden gern an Studenten vermietet. Die Mietpreise für die kleinen Appartements bewegen sich allerdings ab 10 Euro pro Quadratmeter aufwärts. Das muss man sich als Student auch erstmal leisten können.

Das Problem bei all solchen statistischen Zahlen: Durchschnittswerte sagen nur wenig über die Lebensqualität in den einzelnen Wohnungen aus. Düsseldorf ist ein komplizierter Markt. Die Stadt ist nicht historisch aus sich herausgewachsen, sondern ein Zusammenschluss kleinerer Gemeinden. Jede für sich hat ihren eigenen Charakter. Die „längste Theke der Welt" in der Düsseldorfer Innenstadt, an der eigentlich nur noch Touristen ihr Bier trinken, hat nichts gemein mit Kaiserswerth im Nordwesten, wo sich die Villen wohlhabender Düsseldorfer aneinanderreihen, Oberkassel auf der linken Rheinseite, wo wir gerade stehen, Flingern-Süd, wo der Anteil arbeitsloser Bewohner überdurchschnittlich und die Gymnasialquote unterdurchschnittlich ist, oder auch dem Stadtteil Eller im Südosten der Stadt. „In Eller stirbt man schneller" ist ein gebräuchlicher Reim in Düsseldorf. Düsseldorf ist nicht überall schön. Wer es hier nett haben will, dem müssen die Durchschnittspreise leider egal sein.

Eine Frau, die genau weiß, was sie tut

Kathrin Eichler empfängt uns in ihrem Büro in ihrem Haus. Die beiden oberen Stockwerke sind fürs Business reserviert, im Erdgeschoss lebt die Familie. Eichler hat eine schulpflichtige Tochter. Die gebürtige Hamburgerin hat eine klassische Bankausbildung absolviert und in Köln Betriebswirtschaft studiert. Seit Ende der Achtzigerjahre lebt sie im Rheinland. Ihre norddeutsche Herkunft ist allerdings unüberhörbar – ebenso wie ihr helles Lachen. Sie nimmt uns damit sofort für sich ein.

Vermögensverwaltung ist Vertrauenssache. Es ist ein „People Business". Man muss sich nicht nur für die Zahlen interessieren, sondern auch für die Menschen dahinter. Das gilt für beide Seiten, die Kunden und die Vermögensverwalter. Wir haben auf unserer Reise eindrücklich erlebt, was das konkret bedeutet. Kathrin Eichler spielt in diesem Bereich noch einmal auf einer eigenen Klaviatur. Integrität und Professionalität kommen bei ihr gepaart mit einem gewinnenden Lächeln daher, das nicht aufgesetzt ist. Es ist zunächst nur ein erster Eindruck, der sich im Laufe des Gesprächs aber immer deutlicher verfestigt. Zudem merken wir, dass Eichler in keine der Schubläden passt, die wir vor diesem Gespräch im Geiste schon geöffnet hatten. Die Verwalterin vermögender Kunden, Hamburgerin in Düsseldorf-Oberkassel, im eigenen Haus, entpuppt sich als überraschend handfest und alles andere als abgehoben. Wir haben das Gefühl, einer Frau gegenüberzusitzen, die genau weiß, was sie tut, ohne Allüren, die sich zurücknehmen und zuhören kann – um dann genau auf den Punkt zu kommen. Düsseldorfer Schick ist nicht ihre Sache. Das hat etwas Entspannendes und Beruhigendes. Eichler, das war uns zunächst gar nicht so bewusst, ist auch in anderer Hinsicht eine Ausnahme. Sie ist tatsächlich die einzige Vermögensverwalterin, die wir besuchen. Aber es ist wohl kein Zufall. Finanzmanagement scheint Männersache zu sein. Nach dem Gespräch mit Kathrin Eichler, so viel vorweg, können wir nicht verstehen, warum das so ist.

Frank: Frau Eichler, wir haben uns gerade darüber unterhalten, dass Sie eine von nur sehr wenigen selbstständigen Vermögensverwalterinnen sind. Wie erklären Sie sich das?

Kathrin Eichler: Das dürfen Sie mich nicht fragen, sondern die Frauen, die keine Vermögensverwalterinnen geworden sind. Da hat jede für sich sicher eine andere Erklärung und eine andere Vita. Es ist ja nicht so, dass es in der Finanzindustrie keine Frauen gäbe. Es ist einfach eine individuelle Entscheidung.

Frank: Sie haben sich dafür entschieden, sich selbstständig zu machen – trotz Kind.

Kathrin Eichler: Genau genommen ist meine Tochter sogar ein wenig daran schuld, dass ich mich selbstständig gemacht habe. Ich war fest angestellt, zuerst beim Bankhaus Lampe, später beim Bankhaus MM Warburg. Ich habe mich bei diesen beiden Privatbanken sehr wohl gefühlt Als ich schwanger wurde, habe ich meinen eigenen Weg gesucht. Der führte zwar nicht direkt, aber mit leichter Zeitverzögerung in die Selbstständigkeit.

Hagen: Einige Vermögensverwalter, mit denen wir gesprochen haben, haben uns erzählt, dass sie sich irgendwann nicht mehr mit dem Geschäftsgebaren ihres jeweiligen Arbeitsgebers identifizieren konnten und dies oft einer der Gründe war, sich selbstständig zu machen. Wie war das bei Ihnen?

Kathrin Eichler: Ich weiß natürlich nicht, bei welcher Bank diejenigen waren, von denen Sie sprechen, aber bei war mir das sicher nicht so. Im Gegenteil. Die traditionelle und wertschätzende Aura der Privatbanken, bei denen ich gearbeitet habe, hat mich beeindruckt und prägt mich bis heute. Man kannte jeden in der Bank und jeden Kunden persönlich und mit vollem Namen. Dieses sehr Persönliche und Direkte habe ich sehr genossen und in die DNA meines eigenen kleinen Unternehmens mit hinübergenommen. Jeder meiner Kunden soll sich so fühlen, als ob er der wichtigste Kunde wäre. Das habe ich in der Zeit meiner Festanstellungen bei diesen beiden Instituten gelernt. Von Enttäuschung über meine ehemaligen Arbeitgeber ist da also keine Spur.

Hagen: Was haben Sie noch aus dieser Zeit mitgenommen?

Kathrin Eichler: Naja, um ehrlich zu sein, natürlich auch Kunden. Menschen vertrauen Menschen eher als Systemen – wenn die Chemie stimmt. Ich mag es, mit Menschen zusammenzuarbeiten. Deshalb habe ich mich von Anfang an auf die persönliche Vermögensverwaltung konzentriert. Ich selbst mache kaum institutionelles Geschäft, mal von Stiftungen abgesehen. Aber auch da geht es oft um sehr persönliche Anliegen, Familien und ihre Geschichte.

Hagen: Wenn Sie noch aus Ihrer Zeit bei den Privatbanken Kunden haben, arbeiten Sie vermutlich bei dem einen oder anderen Mandat sogar schon generationsübergreifend, oder? Können Sie Unterschiede feststellen zwischen ihren ersten Kunden und der jüngeren Generation, die heute zu Ihnen kommt oder familiär einfach aus Ihrem Kundenstamm nachwächst?

Kathrin Eichler: Ich kann natürlich nicht auf eine so lange Tradition zurückblicken. Aber in der Tat hat sich in den zurückliegenden 10 oder 15 Jahren schon etwas verändert. Die Jüngeren haben zum Teil einen ganz anderen Fokus als die Generation davor. Solche Themen wie Nachhaltigkeit, Digitalisierung oder Social Response wurden früher nicht diskutiert. Als Nordrhein-Westfale etwa hatte man wie selbstverständlich E.on beziehungsweise die Vorgängerkonzerne VEBA und VIAG sowie natürlich RWE im Depot, allein schon wegen der hohen Dividendenrendite. Dass die Gewinne mit Braunkohleabbau und umweltschädlichem Verbrennen der Kohle verdient wurden, war den meisten egal. Heute ist das anders. Die Leute fragen nach.

Frank: Gilt das für alle Anlageklassen, also nicht nur für Aktien?

Kathrin Eichler: Ich kann natürlich nur über die Anlageklassen sprechen, in die wir investieren. Das sind alle liquiden Wertpapiere, also Aktien, Anleihen, Fonds und auch schon mal Zertifikate wie zum Beispiel Aktienanleihen. Und ja: Da sind die Nachhaltigkeitsaspekte Umwelt, Soziales und Unternehmensführung für immer mehr unserer Kunden ein Thema.

Frank: Können Sie uns ein wenig mehr darüber erzählen, was Ihre Kunden wünschen und was Sie Ihnen empfehlen?

Kathrin Eichler: Eine pauschale Antwort kann ich Ihnen da gar nicht geben. Im Rheinland sagt man so schön: Jeder Jeck ist anders. Im Gespräch mit unseren Kunden zeigen sich sehr unterschiedliche Bedürfnisse. Der eine will mehr laufende Einnahmen, der andere vor allem eine Wertsteigerung des Depots. Das muss man individuell abklopfen und dann auch die individuell passende Lösung finden. Allerdings raten wir oft dazu, eine Strategie zu finden, in der gleichzeitig verschiedene Aspekte abgedeckt werden. Ich nenne das mal das Drei-Säulen-Modell: Immobilien, Aktien und Liquidität. Das ist übrigens keine grundsätzlich neue Idee. Sie rührt von der altjüdischen Drei-Speichen-Regel her: Haus, Gold und Geld. Das funktionierte schon vor 2.000 Jahren gut. Heute sind die Anlageinstrumente natürlich etwas feiner.

Hagen: Können Sie Ihr Drei-Säulen-Modell genauer erklären?

Kathrin Eichler: Nehmen wir zunächst die erste Säule: selbst genutzter Immobilienbesitz. Mietfreies Wohnen in den eigenen vier Wänden sorgt für geringere laufende Kosten. So erweitern Sie als Anleger Ihren monatlichen finanziellen Spielraum und erhöhen die Lebensqualität. Zudem bietet die eigene Wohnimmobilie einen Schutz gegen Inflation. Mietpreiserhöhungen sind dann nämlich kein Thema mehr. Gleichzeitig können Immobilien sogar von Inflation profitieren, was eine Rolle spielt, wenn das eigene Heim doch einmal verkauft werden soll oder muss.

Hagen: Okay, die zweite Säule, laufende Einnahmen, kann ja auch aus Immobilien kommen.

Kathrin Eichler: Das ist richtig. Vermietete Immobilien sind natürlich eine gute Sache. Wenn es um liquide Anlagen geht, reden wir von laufenden Einnahmen, zum Beispiel im Alter, aus privaten Rentenverträgen oder aus Lebensversicherungen, die in eine lebenslange Rente umgewandelt werden können. Wenn wir über laufende

Einnahmen im Ruhestand reden, gibt es hier auch den Weg, sich eine Lebensversicherung in einer Summe auszahlen zu lassen, das Geld anzulegen und über einen monatlichen Dauerauftrag für laufende regelmäßige Erträge zu sorgen. Das Spielfeld ist weit. Last but not least sind natürlich Anleihen ein geeignetes Mittel, um laufende Erträge zu generieren.

Hagen: Das ist ein schwieriges Feld bei den derzeit niedrigen Zinsen, oder?

Kathrin Eichler: Jede Marktphase bietet ihre Chancen. Es stimmt zwar, dass die Zinsen schon seit Jahren auf oder kurz über der Nulllinie verharren. Aber das Management von Anleihen besteht ja nicht nur darin, sie zu kaufen und die Zinsen zu kassieren. Auch bei Anleihen spielt aktives Management eine Rolle. Die Papiere steigen und sinken im Preis. Durch den Eingriff der Europäischen Zentralbank in den Markt sind die Preise vor allem gestiegen. Für die Rentenportfolios unserer Kunden war das kein Nachteil. Wir haben dann auch schon mal Anleihen verkauft, um Gewinne zu realisieren. Da muss man ein Händchen fürs Timing haben, denn am Ende der Laufzeit werden Anleihen ja immer zu 100 Prozent zurückgezahlt. Man muss also rechtzeitig vorher handeln, wenn die Kurse noch darüberliegen und genügend Kaufinteressenten da sind. Als die EZB angekündigt hat, ihre Anleihekäufe einzustellen, haben wir uns etwas Neues einfallen lassen müssen.

Frank: Zum Beispiel?

Kathrin Eichler: Eine Möglichkeit sind Anleihen in anderen Währungen. In US- oder Kanada-Dollar denominierte Anleihen werfen deutlich höhere Renditen ab als zum Beispiel eine Bundesanleihe.

Hagen: Dafür gibt es aber auch ein Währungsrisiko.

Kathrin Eichler: Richtig. Das muss man mit dem Kunden natürlich vorher absprechen, ob er grundsätzlich bereit ist, das zu tragen. Aber auch hier gilt: Chance und Risiko sind zwei Seiten derselben Medaille. Dollar-Anlagen können sich ja sogar doppelt rechnen:

durch die höhere Verzinsung und wenn der US-Dollar gegenüber dem Euro an Wert gewinnt. Das war zum Beispiel in den zurückliegenden eineinhalb Jahren der Fall. Aber man muss nicht unbedingt in einen fremden Währungsraum, um eine höhere Rendite zu erzielen. Je nach Marktphase können auch Aktienanleihen die passende Wahl sein, um laufende Einnahmen zu erzielen. Das muss man natürlich gut managen. Auch wenn das Instrument im Namen den Bestandteil „Anleihe" trägt, handelt es sich de facto um Optionsgeschäfte. Da muss man die Mechanismen gut einschätzen können.

Hagen: Die dritte Säule, die Sie nannten, Liquidität, bedeutet dann Cash auf der hohen Kante?

Kathrin Eichler: Ja, aber vor allem Wertpapiervermögen, insbesondere Aktien. Denn sie erfüllen gleich drei wichtige Eigenschaften: Durch langfristigen Wertzuwachs schaffen sie Vermögen, Dividenden sorgen zudem für regelmäßige, laufende Einnahmen und damit mehr Liquidität. Und die dritte Eigenschaft sorgt dafür, dass Aktien überhaupt zur Säule „Liquidität" gezählt werden: Sie lassen sich schnell und unkompliziert an der Börse verkaufen.

Frank: Aktien werden von Anlegern oft als riskant eingestuft.

Kathrin Eichler: Zu Unrecht. Das liegt vor allem an drei Fehlannahmen. Die erste Fehlannahme ist: Volatilität gleich Risiko. Volatilität wird von Anlegern oft mit Risiko gleichgesetzt. Richtig ist: Wenn der Kurs eines Wertpapiers stark im Wert schwankt, erhöht sich das Risiko zwischenzeitlicher Verluste. Gleichzeitig bedeuten Kursschwankungen aber auch die Chance auf steigende Kurse. Die Börse kennt eben nicht nur eine Richtung. Über längere Zeiträume betrachtet, erweisen sich Aktien gerade aufgrund dieser Chance als die Anlageklasse mit den durchschnittlich höchsten Renditen im Vergleich zu anderen Anlageformen.

Frank: Und die zweite Fehlannahme?

Kathrin Eichler: Die lautet, dass Aktien riskanter sind als andere Anlageformen. Dabei sind Aktien auch innerhalb des Drei-Säulen-Modells nicht die riskanteste Anlageform. Je nach Gesamtvermögen, Aufteilung des Kapitals und konkretem Investitionsobjekt können beispielsweise Immobilien ein deutlich höheres Risikopotenzial in sich tragen. So ist mancher, der sein Eigenheim zu großen Teilen fremdfinanziert, mit über 100 Prozent seines Gesamtvermögens in nur ein Objekt investiert. Unter dem Aspekt der Risikodiversifikation ist das kein gutes Verhältnis. Ändern sich wesentliche Bedingungen, unter denen die Immobilie einst gebaut oder gekauft wurde, sind hohe Wertverluste und/oder Schwierigkeiten bei der Prolongation des Hypothekenkredits möglich. Das sollte nicht unterschätzt werden. Auch Anleihen sind unterm Strich nicht „sicherer“ als Aktien. Zinsänderungen, gegebenenfalls Wechselkursverschiebungen, plötzliche Zahlungsschwierigkeiten des Schuldners sind nur einige Beispiele für Risikofaktoren, die Anleger berücksichtigen müssen.

Frank: Sie können noch eine dritte Fehlannahme nennen?

Kathrin Eichler: Ja. Sie lautet: Risiko lässt sich ausschließen. Das ist Unsinn. Ausnahmslos jede Investition bietet nicht nur Chancen, sondern auch Risiken. Deshalb gehört zu jeder Vermögensstrategie auch ein Risikobudget. Das bedeutet im Klartext: Wird eine vorher festgelegte Verlustschwelle von beispielsweise 10 Prozent des Vermögens erreicht, sollten Anleger handeln, um die Wahrscheinlichkeit von weiteren Verlusten rigoros einzuschränken. Der Verkauf von auffälligen Risikopositionen gehört in solch einem Fall zu den wichtigsten Maßnahmen.

Hagen: Aber Aktienkurse können ja auch wieder steigen.

Kathrin Eichler: Grundsätzlich ja. Aber man sollte nicht auf das Prinzip Hoffnung setzen oder gar emotional an die Sache herangehen. Man muss sich immer die Frage stellen, was wahrscheinlicher ist: Steigt die betreffende Aktie nach einem Kursverlust wieder? Oder gibt es andere Aktien, für die diese Wahrscheinlichkeit höher ist? Dann lohnt es sich, die in den Verlustbereich geratene Aktie zu verkaufen und umzuschichten. Was nebenbei den Vorteil hat, dass Sie steuerlich Verluste aus Aktiengeschäften geltend machen können. Wenn Sie das nächste Mal Aktien mit Gewinn verkaufen, wird das automatisch gegeneinander gerechnet.

Hagen: Gibt es eine Aktie oder eine Branche, von der Sie besonders überzeugt sind?

Kathrin Eichler: Wenn wir von Megatrends reden, die auch noch in den kommenden Jahren relevant sein werden, dann möchte ich vielleicht zwei Bereich herausheben: zum einen das Thema Health-Care, also Gesundheit. Zum anderen vermute ich, dass sich bei Bezahlsystemen in den kommenden Jahren viel tun wird. Heute spielen Banken hier eine zentrale Rolle. Ich denke, dass wird sich ändern. Banken werden das Bezahlgeschäft mehr und mehr verlieren. PayPal und ApplePay sind nur der Anfang.

Frank: Das klingt aber pessimistisch für Banken.

Kathrin Eichler: Banken werden sich auf andere Geschäftsfelder konzentrieren oder auch neue entwickeln. Unternehmensfinanzierung zum Beispiel können Sie nicht automatisieren. Da braucht es jemanden, der im wahrsten Sinne des Wortes mit gesundem Menschenverstand entscheidet. Das dürfen Sie gar nicht einer Maschine überlassen.

Hagen: Womit wir wieder beim Thema Vermögensmanagement sind. Das ist ja auch ein Geschäftsfeld für Banken. Ist das nicht eine Bedrohung für Sie als unabhängige Vermögensverwalterin?

Kathrin Eichler: Für Banken ist dieses Geschäftsfeld natürlich lukrativ. Und etliche Großbanken forcieren ihren Wealth-Management-Bereich natürlich. Aber der Trend geht in den vergangenen 20 Jahren tatsächlich eher hin zu unabhängigen Vermögensverwaltern. Die Menschen sind misstrauisch gegenüber Finanzinstituten geworden, die sehr stark vertriebsorientiert denken. Dazu kommt: Die Großbanken sind nicht preiswerter als unabhängige

Vermögensverwalter, können sich jedoch viel weniger Zeit für ihre Kunden nehmen und kommen oft mit vorgefertigten Anlagestrategien daher. Das können die gar nicht anders, denn sie denken in ganz anderen Umsatzgrößen, um spürbare Erträge erzielen zu können. Wir Unabhängigen dagegen nehmen uns Zeit für unsere Kunden. Ich hatte das eingangs ja schon erwähnt. Das Persönliche zählt. Wir können tatsächlich auf Kundenwünsche individuell eingehen. Und das kommt an. Wenn ich als Kundin die Wahl habe, einen Kittel von der Stange oder für denselben Preis ein maßangefertigtes Abendkleid zu kaufen, dann würde ich mich auch für die Maßanfertigung entscheiden. Deshalb bin ich recht zuversichtlich für meine Branche.

Frank & Hagen: Frau Eichler, wir danken Ihnen für das nette und informative Gespräch und drücken Ihnen die Daumen für Ihren weiteren Weg.

Steckbrief

Eichler & Mehlert Finanzdienstleistungen GmbH

Geschäftsführung: Kathrin Eichler (Foto), Norbert Schulze Bornefeld
Gründungsjahr: 2009
Anzahl der Verwalter: 4
Verwaltetes Vermögen: circa 250 Millionen Euro
Höhe des erforderlichen Anlagevolumens: 500.000 Euro
Kunden-Zielgruppe: Privatkunden, Familien, Unternehmen, Verbände und Stiftungen
Dienstleistungsangebot: individuelle Vermögensverwaltung, Liquiditätsmanagement, Vererben und Schenken, Stiftungsberatung
Spezielle Kompetenzen: Anleihen, Spezialfondslösungen
Adresse: Leostraße 80, 40547 Düsseldorf
Telefon: 0211/17 60 90 0
E-Mail: info@eichler-mehlert.de
Internet: www.eichler-mehlert.de

Als Anleihe-Investor weiß ich, was ich bekomme.
Vorausgesetzt natürlich, der betreffende Emittent überlebt.
HELGE MÜLLER

Helge Müller – Genève Invest S.à.r.l.

EIN KÖLNER IN DER SCHWEIZ

Will man von Leipzig nach Genf fliegen, muss man leider zwischenlanden – in München, Frankfurt oder Düsseldorf. Wir haben uns dafür entscheiden, gar nicht erst nach Leipzig zurückzufliegen, sondern nach unserem Besuch bei Kathrin Eichler direkt zum Düsseldorfer Flughafen zu fahren. Wir wollen von dort aus direkt nach Genf fliegen und Helge Müller treffen, Vermögensverwalter, Gründer und Chef der Genève Invest. In weniger als zwei Stunden Flugzeit sind wir da. Beim Anflug auf den zweitgrößten Flughafen der Schweiz reißt die Wolkendecke auf, unter uns liegt der Genfer See, beim Blick aus dem Fenster sehen wir schneebedeckte Alpengipfel, die von der untergehenden Sonne beschienen werden. Wir sehen uns an und fragen uns, warum wir so etwas nicht häufiger machen. Europa hat so viel an Schönheit zu bieten. Man sollte das mehr genießen.

Schon beim Überfliegen der Stadt ahnen wir, dass es eine gute Entscheidung war, morgen nach dem Gespräch nicht sofort zurückzufliegen, sondern noch einen Tag hier zu verbringen, um durch die Altstadt zu bummeln. Die „kleinste der großen Metropolen", wie Genf sich selbst gerne nennt, hat viel zu bieten. Das beschauliche Städtchen mit seinen zahlreichen Restaurants, Cafés und Boutiquen hat den Charme eines feinen alpinen Touristenortes. Seine Lage direkt am Genfer See ist nicht nur für die Einwohner ein Segen. Im Sommer kann man segeln, im Winter Ski fahren. Doch hinter den Mauern der vielen gut erhaltenen historischen Bauten wird nicht nur einmaliges Käsefondue, sondern auch Weltpolitik gemacht. Rund 20 internationale Organisationen residieren hier. Mehr als 160 Staaten haben hier ihre Botschaften, deren Diplomaten ihre Regierungen bei den zahlreichen internationalen Organisationen und Konferenzen vertreten. Genf ist zudem ein Finanz- und Handelszentrum. Ungefähr 100 ausländische Banken sind hier ansässig. Dazu kommen zahlreiche Finanz- und Versicherungsdienstleister. Die Finanzindustrie ist zweifellos einer der wichtigsten Wirtschaftsfaktoren in dieser Stadt.

Ausführlich über den Immobilienmarkt hier zu philosophieren erübrigt sich. Dafür ist die Ausgangslage zu klar. Genf ist ein klassischer Verkäufermarkt. Das heißt: Die Verkäufer bestimmen die Preise. Schon allein deshalb, weil es nur wenige Verkäufer gibt. Deshalb muss sich jeder, der hier eine Wohnung zum Kauf sucht, erst einmal an 10.000 Schweizer Franken pro Quadratmeter Wohnfläche gewöhnen – als Untergrenze für Objekte in weniger schönen Wohnblöcken, von denen es auch hier leider welche gibt. Genf ist durch seine Lage zwischen See und Bergen in seiner Ausdehnung begrenzt. Selbst das langsame Bevölkerungswachstum der Stadt ist kaum durch Neubauten aufzufangen. Die drei sprichwörtlich wichtigsten Kriterien für den Immobilienkauf – Lage, Lage, Lage – werden kaum irgendwo sonst auf der Welt so deutlich sichtbar wie in dieser „kleinsten der großen Metropolen". Der Mangel an Baufläche lässt sich in Schweizer Franken ablesen.

Eine Liebeserklärung an die Stadt und den Beruf

Helge Müllers Firma, die Vermögensverwaltung Genève Invest, beschäftigt insgesamt 20 Menschen. Acht Mitarbeiter sind in Luxemburg angesiedelt, um von dort aus die Geschäfte im EU-Raum abzuwickeln, ein Mitarbeiter hat seinen Sitz in Stockholm. Müller und sein elfköpfiges Kernteam residieren in Genf im dritten Stock eines historischen Gebäudes aus der Gründerzeit. Ein kleiner Platz und zwei große Bäume trennen das Haus vom Ufer der Rotte. Nicht weit entfernt davon mündet der Fluss ins südliche Ende des Genfer Sees. Wir haben vor dem Termin noch das schöne Wetter genutzt, einen Spaziergang durch den Englischen Garten am Südufer des Sees genossen und sitzen nun im Riverside Café, mit Blick auf die Cité du Temps, einem Pavillon auf der Pont de la Machine, einer Fußgängerbrücke, die wir später nur noch überqueren müssen, um zu Müllers Büro auf der anderen Seite des Flusses zu gelangen. Wir haben noch eine Dreiviertelstunde Zeit bis zum Termin. Doch wir begegnen ihm überraschenderweise schon jetzt. Er hatte noch eine Kleinigkeit in der Stadt zu erledigen und sieht uns zufällig im Vorbeigehen. Er setzt sich zu uns. Wir bestellen noch einen Espresso. Müller erzählt uns, wie es ihn, den gebürtigen Kölner, in die Schweiz nach Genf verschlagen hat. Es ist eine Liebeserklärung an die Stadt Genf. Während seines VWL-Studiums arbeitete er als Praktikant bei der UNO in Genf und war so beeindruckt und angetan von der Stadt, dass er nach seinem Studium sofort zurückkam, um hier zu arbeiten und zu leben. Er hatte Glück, bei der UNO eine Projektanstellung im Bereich Handel und Entwicklung zu finden. Als

Economic Affairs Officer bei der United Nations Conference for Trade and Development (UNCTAD) analysierte er Direktinvestitionen in internationale Unternehmen. Die Arbeit, das wurde ihm bald klar, taugte auch zur Unternehmensanalyse für die Investitionen privater Anleger. Mitte der Neunzigerjahre begann er damit, das Vermögen anderer zu betreuen, im Jahr 2002 gründete er seine eigene Vermögensverwaltung, die er zunächst noch parallel zu seiner Festanstellung betrieb. Vier Jahre später machte er sich mit seinem jetzigen Unternehmen komplett selbstständig.

Hagen: Herr Müller, als Sie Ihre Vermögensverwaltung gründeten, war die Dotcom-Blase gerade geplatzt und die Börsen weltweit am Boden. Die Weltwirtschaft taumelte, Unternehmen entließen Mitarbeiter. War das nicht ein seltsames Timing, um die Idee zu entwickeln, sich als Vermögensverwalter selbstständig zu machen?

Helge Müller: Ich empfand es nicht als außergewöhnlich. Im Gegenteil. Ich hatte gerade in der Zeit des Börsencrashs Erfahrungen gesammelt, die mich sogar ermutigten, diesen Schritt zu gehen. Bereits seit Mitte der Neunzigerjahre hatte ich als Einzelkämpfer in kleinem Stil eine Art Family Office aufgebaut. Mein Credo war stets: Kaufe nur „Value", also solide, werthaltige Unternehmen, die führend in ihrem Bereich sind und trotzdem unter Wert gehandelt werden. Das ist eigentlich kein Hexenwerk. Wenn man das Buch von Benjamin Graham *The Intelligent Investor* aufmerksam liest, kann man auch heute noch daraus lernen. Die Kunst besteht darin, das Gelernte dann diszipliniert und konsequent umzusetzen. Man wird an der Börse leicht verführt, den Weg zu verlassen.

Hagen: Welche Erfahrungen haben Sie denn ermutigt? Als die Dotcom-Blase geplatzt ist, sind an der Börse aber nicht nur irgendwelche zu Recht überbewerteten Internetunternehmen abgestürzt, sondern auch die Aktienkurse ganz konservativer, robust aufgestellter Konzerne. Selbst mit guter fundamentaler Analyse und viel

Disziplin bei der Aktienauswahl hatte man als Investor doch kaum eine Chance, diesem Sturm zu entgehen.

Helge Müller: Das ist richtig. Ich bin mit den Portfolios, die ich betreut habe, trotzdem recht gut durch diese Zeit gekommen. Das liegt daran, dass ich vergleichsweise früh die Chancen des Anleihemarktes zu ergreifen wusste und vergleichsweise stark in Anleihen investiert war, als die Aktienkurse einbrachen.

Hagen: Anleihen gelten als vergleichsweise renditeschwach.

Helge Müller: Aus heutiger Sicht mag das so erscheinen. Ende der Neunzigerjahre bekam man aber auch noch Porsche-Anleihen mit 9,5 Prozent Rendite. Wer dagegen Ende der Neunziger auf dem Gipfel der Dotcom-Euphorie und der Begeisterung für den „Neuen Markt“ Mobilcom-Aktien für über 2.000 D-Mark gekauft hatte, wäre froh gewesen über diese 9,5 Prozent. Mobilcom-Aktien kosteten Ende 2002 an der Börse gerade noch 1 Euro.

Frank: Mobilcom ist jetzt aber auch kein gutes Beispiel für Value-Investing.

Helge Müller: Nein, natürlich nicht. Es ist natürlich ein krasses Beispiel. Aber es ging ja auch mit den DAX-Werten bergab. Während allerdings die Aktienkurse einbrachen, gab es am Anleihemarkt sogar eher Chancen. Auch da gaben die Kurse zum Teil zwischenzeitlich spürbar nach. Der große Unterschied zu Aktien ist eben, dass ich mir als Anleger keine großen Gedanken darüber machen muss, wie gut ein Emittent wirtschaftet und wie stark er wächst, sondern nur darüber, ob er überlebt und die Anleihen bedienen kann. Der Handel mit Rentenpapieren lässt sich so quasi als „Digitales Investieren“ charakterisieren. Selbst wenn die Anleihekurse mal um 20 oder 30 Prozent einbrechen, bleibt immer nur die Frage: Überlebt das Unternehmen? Als Aktionär muss ich auf eine Erholung der Kurse hoffen und weiß nicht, ob genügend viele andere Aktionäre das genauso hoffen wie ich, damit sie mit ihren Käufen für eine Steigerung des Aktienwertes beitragen. Als Anleihe-Investor dagegen weiß ich: Ich bekomme meine Zinsen und am Ende, falls das Unternehmen überlebt, die Anleihe zu 100 Prozent Nominalwert ausbezahlt – selbst wenn ich sie für 80 Prozent eingekauft habe. Um beim Beispiel Mobilcom zu bleiben: Während die Aktionäre große Verluste hinnehmen mussten, übernahm der Großaktionär France Télécom damals die Mobilcom-Schulden. Die Insolvenz wurde abgewendet, die Anleihe-Investoren bekamen nicht nur üppige Zinsen, sondern auch den Nominalwert ihrer Anleihen zu 100 Prozent ausbezahlt. Solche Geschichten gibt es immer wieder. Mobilcom ist keine Ausnahme. Als Investor nimmt man sich solche Erfahrungen zu Herzen.

Frank: Schon Anfang der 2000er-Jahre war mit Zinsen aber nicht mehr viel zu holen, oder?

Helge Müller: Da ist was dran. Während es Ende der Neunziger noch recht einfach war, mit Anleihen von Bluechips hohe Renditen einzufahren, ist das nach der Jahrtausendwende und vor allem nach dem Börsencrash deutlich schwieriger geworden. Die US-Notenbank Fed hat damals den Leitzins innerhalb von nur zwei Jahren von 6,5 auf 1 Prozent gesenkt. Die EZB war etwas zögerlicher, aber mit ähnlichem Trend. Das hat natürlich auch auf die Renditen von Unternehmensanleihen gedrückt. Aber als Professioneller steckt man da ja nicht den Kopf in den Sand, sondern man sucht gezielt nach ertragreichen Alternativen. Und die gibt es immer.

Hagen: So etwas wie die 9,5-Prozent-Porsche-Anleihe?

Helge Müller: Das ist leider vorbei. Bluechip-Anleihen werfen heute gerade mal 1 bis 3 Prozent Rendite per annum ab. Aber es gibt interessante Anleihen aus der zweiten Reihe. Die betreffenden Unternehmen, die die herausgeben, sind solide, erwirtschaften seit Jahrzenten Gewinne, sind aber nicht immer so bekannt. Und Anonymität kostet an der Börse eben einen Aufpreis. Als Anleihe-Investor picke ich mir gezielt solche Papiere heraus.

Frank: Sie profitieren also vom Zinsaufschlag, den unbekanntere Unternehmen für ihre Anleihen zahlen müssen.

Helge Müller: Meine Kunden profitieren davon. Ich profitiere davon, dass meine Kunden das Vertrauen haben, dass ich Papiere finde, die selbst in den vergangenen zehn mageren Zinsjahren eine durchschnittliche Rendite von 6 Prozent jährlich abgeworfen haben – nach Steuern und vor Gebühren.

Hagen: Wie findet man heutzutage noch attraktive Anleihen?

Helge Müller: Man muss nach Marktverzerrungen, die es immer wieder gibt, Ausschau halten.

Hagen: Wie kommen diese zustande?

Helge Müller: Es gibt viele Anlässe dafür. Einer davon ist zum Beispiel, wenn Rentenfonds, die ja auch ständig Liquidität vorhalten müssen, Anleihen aus ihrem Portfolio verkaufen müssen. Bei großen Fonds wie beispielsweise dem norwegischen Pensionsfonds, kommen so manchmal Anleihen mit einem Nominalwert von 1 Milliarde Euro plötzlich auf den Markt. Die Papiere gehen dann nicht unbedingt immer zu dem Wert über den Tisch, den sie unter normalen Umständen bringen würden. In angespannten Marktphasen, wenn Fonds Liquidität brauchen, weil Anleger nervös werden, werden unter der Hand Papiere auch schon mal für die Hälfte verkauft. Wenn man da entschlossen und schnell agiert, kann sich das lohnen. Manchmal ist es wirklich verrückt. Als zum Beispiel im Jahr 2015 die Ölpreise eingebrochen sind, sind die Anleihen von Etrion unter Druck geraten. Etrion ist ein Hersteller und Betreiber von Solarparks. Die Einnahmen sind stabil. Da war also überhaupt nichts Dramatisches passiert. Ganz im Gegenteil: Das Unternehmen hatte gerade einen Solarpark verkauft und schwamm in Liquidität. Trotzdem waren die Papiere plötzlich für 70 Prozent ihres Nominalwertes zu haben. Erst als das Unternehmen seine Anleihen für 100 Prozent zurückkaufen wollte, hat sich der Kurs erholt.

Frank: So etwas sehen doch viele Investoren. Wie kann es sein, dass so etwas passiert?

Helge Müller: Für viele große institutionelle Investoren ist so eine Anleihe tabu, einfach aufgrund ihrer Anlagepolitik. Die denken in großen Millionentranchen und investieren nur in hochliquide Titel. Die meisten Privatanleger bekommen so etwas gar nicht mit, und selbst die, die es mitbekommen, können oft nicht eingreifen. Es ist nicht selten so, dass die Stückelung für Anleihen bei 100.000 Euro beginnt. Wenn Sie hier als normaler Privatanleger mitmischen wollen, sind Sie schnell überfordert. Als Investor müssen Sie ja auch darauf achten, dass Sie Ihr Kapital möglichst breit streuen, um Risiken zu reduzieren. Wenn man in Anleihen mit hoher Rendite investiert, sind auch manchmal Papiere dabei, deren Emittenten dann doch insolvent werden. Man kann nicht alles voraussehen. In solch einem Fall nützt Ihnen die hohe Zinsrendite dann nichts mehr. Das rechnet sich nur, wenn Sie viele von solchen Anleihen im Depot haben und verschmerzen können, dass mal eine ausfällt.

Hagen: Halten Sie die Anleihen tatsächlich immer bis zum Laufzeitende?

Helge Müller: Nicht unbedingt. Wir suchen Papiere mit einer Rendite zwischen 6 und 7 Prozent. Wenn die Rendite einer Anleihe für die Restlaufzeit unter 3 Prozent fällt, kommt sie bei uns auf die Verkaufsliste. Da entscheiden wir uns dann dafür, den entstandenen Kursgewinn mitzunehmen und das freigewordene Kapital wieder neu zu investieren. So sorgen wir dafür, dass wir eine vergleichsweise überschaubare durchschnittliche Restlaufzeit im Portfolio haben und gleichzeitig die durchschnittliche Rendite hoch halten.

Frank: Suchen Sie nur im Euroraum?

Helge Müller: Neben Euro-Anleihen suchen wir nach Papieren aus dem skandinavischen Raum und in US-Dollar. Gerade im US-Dollar-Raum sind derzeit deutlich höhere Renditen drin. Das liegt einfach daran, dass die US-Notenbank seit einiger Zeit die Zinsen immer weiter angehoben hat. Da ist schon eine spürbare Zinsschere zu Europa entstanden.

Hagen: Wie gehen Sie mit dem Währungsrisiko um? Wenn der US-Dollar an Wert verliert, ist der Zinsunterschied für einen europäischen Anleger ja schnell durch den Währungsverlust aufgefressen.

Helge Müller: Wir machen keine Währungsabsicherung. Das ist erstens sehr teuer. Der Zinsvorteil wäre dann ja auch hinüber. Zweitens kann es ja auch so laufen, dass der US-Dollar gegenüber dem Euro an Wert gewinnt. Dann profitieren die Anleger doppelt. Drittens ist die Wahrscheinlichkeit, dass die US-Notenbank die Zinsen weiter deutlich anhebt, mittlerweile nicht mehr so groß. Es ist wahrscheinlicher, dass das im Euroraum passiert. Hier gilt immer noch ein Leitzinssatz von 0 Prozent. Bundesanleihen, die vielleicht noch gerade spürbar eine Rendite über der Null abwerfen, sind vor diesem Hintergrund alles andere als ein sicheres Investment. Sollten die Zinsen im Euroraum steigen, ist es möglich, dass lang laufende Bundesanleihen schnell 10 bis 20 Prozent an Wert verlieren.

Frank: Mein Eindruck ist nun, dass ich vor allem dann als Kunde bei Ihnen gut aufgehoben bin, wenn ich überwiegend in Anleihen investieren will.

Helge Müller: Ich sehe die Chancen in diesem Markt und fühle mich hier wohl. Aber das heißt nicht, dass wir nur in Anleihen investieren. Das wäre ein falscher Eindruck. Wir setzen Anleihen gezielt ein, um einen soliden Cashflow zu generieren. Das ist das oberste Ziel. Rohstoffe und Gold sind deshalb für uns kein Thema. Regelmäßige Ausschüttungen erhalten Sie am besten mit einem Mix aus Mieten, Zinsen und Dividenden. Wenn ich Dividenden generieren will, muss ich natürlich in Aktien investieren. Und da sind wir wieder beim Thema Value, das ich eingangs erwähnte. Unterbewertete Aktien zu finden, ist nicht so leicht. Man tappt schnell in die Value-Falle.

Hagen: Was meinen Sie damit?

Helge Müller: Naja, man neigt als Investor schnell dazu, sich für viel schlauer zu halten, als es der Rest der Marktteilnehmer ist. Stellen Sie sich vor, Sie analysieren ein Unternehmen und erkennen, dass dessen Wert eigentlich viel höher sein müsste, als es der Börsenkurs derzeit ausdrückt. Der Kurs-Buch-Wert ist viel zu niedrig, das Kurs-Gewinn-Verhältnis lächerlich, die Auftragsbücher voll und Schulden kaum vorhanden. Alles sieht gut aus, aber der Aktienkurs ist unangemessen niedrig. Was tun Sie dann?

Hagen: Es hört sich so an, als ob es eine gute Idee wäre, die Aktie zu kaufen. Oder?

Helge Müller: Vielleicht ist es eine gute Idee. Vielleicht aber auch nicht. Es kann nämlich passieren, dass Sie als Analyst so schlau sind, eine Unterbewertung zu erkennen, die allen anderen Marktteilnehmern völlig egal ist. Und wenn es ganz dumm läuft, kaufen Sie die Aktie und warten so lange darauf, dass andere auch auf diese Idee kommen, dass irgendwann der Punkt erreicht ist, an dem Sie sich fragen: Worauf warte ich hier eigentlich? Mit meinem Geld hätte ich in der Zwischenzeit auch Besseres anfangen können. Und wenn es dann ganz, ganz dumm läuft, verkaufen Sie aus Ungeduld, vielleicht sogar mit Verlust.

Frank: Und danach steigt die Aktie plötzlich im Wert. Das ist dann wirklich der Worst Case.

Helge Müller: Das wäre mir dann schon wieder egal. Ich schaue nicht in den Rückspiegel. Aber die Value-Falle, die ich meine, besteht eben darin, dass man genau hinsehen muss, warum eine Aktie unterbewertet scheint. Vielleicht sind die anderen Marktteilnehmer ja gar nicht immer so dumm.

Hagen: Wie vermeiden Sie die Falle?

Helge Müller: Ich gehe davon aus, dass ich nicht immer alles weiß. Also wage ich mich als Anleger nur an solche Unternehmen ran, die aus meiner Sicht eine so sichere Marktstellung haben, dass sie sich langfristig behaupten und mit ihrer Marktmacht auch mal höhere

Preise durchsetzen können. Automobilwerte zum Beispiel mag ich deshalb nicht, weil jede Neuerung auf dem Automobilmarkt einfach zu leicht zu kopieren ist. Die Innovations- und Fertigungstiefe liegt bei den meisten Automobilmarken mittlerweile nur noch bei 10 bis 20 Prozent. Der Rest kommt von Zulieferern, die nicht exklusiv für einen Automobilkonzern arbeiten, sondern ihr Wissen für alle einsetzen. Wie sollen die Konzerne da noch großartig Marktanteile gewinnen können? Und beim Blick in die nähere Zukunft sieht es noch unsicherer aus. Etwa 40 Prozent der Gewinnmarge von Elektroautomobilen wird mit der Batterie erwirtschaftet, 30 Prozent durch die intelligente Steuerung. Es wird sehr spannend, wie sich klassische Automobilkonzerne da überhaupt noch behaupten wollen. Bei den Batterien sind übrigens die Chinesen weit vorn, bei der IT große US-Konzerne wie beispielsweise Alphabet. Für europäische Autobauer wird es bald schwer zu begründen, warum ein Auto einer Marke wie Peugeot oder Daimler zuzurechnen ist – und nicht Alphabet.

Hagen: Alphabet wäre für Sie also ein positives Beispiel?

Helge Müller: Durchaus. Durch Google und viele Satelliten, die mittlerweile weit über das Suchmaschinen-Universum hinausgehen, hat der Konzern eine Marktmacht, die ihresgleichen sucht. Wenn Sie Geld im Internet verdienen wollen, kommen Sie an Google nicht mehr vorbei. Google verdient immer mit. Sie wollen gefunden werden? Dann müssen Sie Anzeigen bei Google schalten. Sie wollen selber auch Werbung verkaufen? Dann müssen Sie Zahlen liefern, wie oft Ihre Seiten aufgerufen werden. Bei Google Analytics bekommen Sie die Antwort. Und so geht das immer weiter. Weitere Beispiele für Unternehmen, die auch über eine Art Schutzwall gegen Konkurrenz verfügen, sind Mastercard und VISA. Die verdienen auch immer mit. Und es hat in den vergangenen Jahren keinen Versuch gegeben, einen Konkurrenten aufzubauen. Es ist einfach zu schwierig. Sie müssten als neuer Konkurrent hunderttausende Restaurants, Einzelhändler, Onlineshops und alle anderen, die Zahlungswege offerieren, überzeugen, Ihre Kreditkarte zusätzlich anzubieten. Selbst solche mächtigen neuen Player im Zahlungsmarkt wie etwa Apple mit ApplePay wählen den einfacheren Weg und setzen ihren Service auf Mastercard oder VISA auf, anstatt eine Konkurrenz dazu zu bauen.

Frank: Haben Sie eine Lieblingsaktie?

Helge Müller: Ich mag, wie gesagt, Unternehmen mit einzigartiger, sicherer Marktstellung. Dazu zählt für mich unter anderem das Medizintechnikunternehmen Edwards Lifesciences. Der Konzern ist Spezialist für Herzklappen und Gefäßtherapie. Sehen Sie sich den Aktienchart an. Das ist eine fast durchgehende Linie von links unten nach rechts oben. Und das, obwohl es mittlerweile chinesische Anbieter gibt, die deutlich preiswertere Herzklappen anbieten. Doch Edwards verkauft völlig unbeeindruckt davon seine teuren Modelle. Und das mit immer höheren Gewinnen. Der Grund ist einfach der, dass jeder Chirurg, der sich überlegt, ob er einem bewährten Modell vertraut oder ein preiswerteres Modell Made in China nehmen soll, gut abwägt, ob er das Risiko wirklich eingehen soll. Wenn es darum geht, ob ein Kunde überlebt oder nicht, greift das Prinzip Vertrauen und Erfahrung anders als in anderen Bereichen. Das wird sich in diesem Fall nicht so schnell ändern – zumal Edwards clever genug ist, durch Weiterentwicklung und laufend neue Patente seine Marktmacht abzusichern.

Hagen: Es hört sich nach viel Arbeit an, sowohl die Aktien- als auch die Anleihemärkte so detailliert im Blick zu behalten. Bleibt Ihnen da noch viel Zeit für Hobbies? Oder für die Schönheit der Umgebung? Sie sagten ja, dass Sie eigentlich wegen des Reizes der Stadt Genf hierhergezogen sind. Haben Sie überhaupt etwas davon?

Helge Müller: Das frage ich mich auch manchmal. Ich habe zum Beispiel früher intensiv Schach gespielt, für einen Verein in Köln-Porz sogar in der Bundesliga. Zum Schachspielen komme ich heute kaum noch. Aber unterm Strich lautet die Antwort trotzdem wohl: Ja, da bleibt noch genug Zeit für die schönen Dinge. Wenn es die Zeit erlaubt, fahre ich Ski oder segele, so wie viele Genfer hier. Das ist eben das Schöne an dieser Stadt. Man muss nicht in die Ferne reisen, sondern hat das Freizeitangebot vor der Tür.

Frank & Hagen: Herr Müller, wir bedanken uns für die Ihre Gastfreundschaft in dieser schönen Stadt und wünschen Ihnen, dass Sie vielleicht doch mal wieder dazu kommen, eine Partie Schach zu spielen.

Steckbrief

Genève Invest S.à.r.l.

Geschäftsführung: Helge Müller
Gründungsjahr: 2002
Anzahl der Verwalter: 12, insgesamt 20 Mitarbeiter
Verwaltetes Vermögen: keine Angabe
Höhe des erforderlichen Anlagevolumens: 250.000 Euro
Kunden-Zielgruppe: vermögende Privatpersonen, Familien, Selbstständige, Unternehmen
Dienstleistungsangebot: individuelle Vermögensverwaltung, Fondsmanagement, Family Office
Spezielle Kompetenzen: Covered-Call-Strategien, Anleihen, Hochzins- und Fremdwährungsanleihen
Adresse: Place Chevelu 6, 1201 Genf, Schweiz
Info-Telefon (D): 02203/961243
E-Mail: info.de@geneveinvest.com
Internet: www.geneveinvest.com

Studien zeigen, dass vier bis fünf Jahre nach dem Karriereende nahezu jeder vierte Profifußballer überschuldet ist.

MARC CUJAI

Marc Cujai – MCVM AG

SCHADENSBEGRENZUNG FÜR REICHE JUNGS

„Ich habe viel Geld für Alkohol, Weiber und schnelle Autos ausgegeben. Den Rest habe ich einfach nur verprasst", hat George Best, eine britische Fußball-Legende, einmal gesagt. Der Mann hatte offensichtlich keinen guten Vermögensverwalter an seiner Seite, der seine Finanzen in Ordnung hielt. Und auch keinen guten Berater, der ihn mal zur Seite und bei dieser Gelegenheit die Bierflasche aus der Hand nahm. Best verfiel schon während seiner Karriere dem Alkoholismus und starb im Alter von nur 59 Jahren. Das Tragische daran: George Best ist kein Einzelfall. Auch hochbezahlte Profifußballer späterer Generationen starben mittellos. Nicht wenige davon waren schon kurz nach ihrem Karriereende pleite. Dabei gibt es sie, die Spezialisten für Profisportler, die Kunden betreuen, deren Namen Millionen und manchmal sogar Milliarden von Menschen kennen. Vermögensverwalter, die rechtzeitig dafür sorgen, dass Sportler nach ihrem Karriereende nicht in ein tiefes finanzielles Loch fallen.

Wir fahren ins beschauliche Liechtenstein, um solch einen Spezialisten zu besuchen. Der Mann heißt Marc Cujai, sein Unternehmen, die MC Vermögensmanagement AG, hat er zusammen mit seinem Geschäftspartner Manuel Bolkart vor knapp zehn Jahren gegründet. Cujai, geboren in Wesel, aufgewachsen in Müllheim in der Nähe von Freiburg und bekennender Fan des dort heimischen SC, lebt mit seiner Frau und seinen Kindern in der Schweiz. Er pendelt jeden Tag ins benachbarte Vaduz, der Hauptstadt Liechtensteins. Für seine Aktiengesellschaft ist das praktisch. Denn durch die Mitgliedschaft im Europäischen Wirtschaftsraum gelten für Liechtenstein die gleichen europäischen Finanzmarktgesetze wie in Deutschland. Dadurch ist rechtliche Sicherheit gegeben, und der Marktzugang innerhalb der EU und des EWR ist auch möglich. Ein weiterer Vorteil, sagt Cujai, sei die überschaubare Größe und Struktur des kleinen Landes. Die Zusammenarbeit mit der Finanzmarktaufsicht funktioniere gut, Fragen würden schnell beantwortet. Schon deshalb lohne es sich, in Liechtenstein zu bleiben – mal ganz abgesehen vom Klima und von der schönen Aussicht.

Spezielle Konzepte für die besonderen Bedürfnisse einer besonderen Klientel

Als wir in Marc Cujais Büro stehen, nicht weit vom Schloss des Fürsten von Liechtenstein entfernt, blicken wir durch das große Fenster im Norden direkt auf die schneebedeckten Gipfel des Hohen Kasten in den Schweizer Alpen. Die Sonne geht gerade unter. Der Schnee schimmert in orangefarbenen Tönen. Den Anblick vergisst man nicht so leicht. Jedenfalls nicht, wenn man gerade aus dem verregneten Deutschland kommt. Für Marc Cujai ist die Aussicht natürlich keine Überraschung mehr. Er bietet uns einen Kaffee an. Während die Maschine lautstark das Wasser durch die Kaffeekapseln drückt, beginnt er, uns von seinen Anfängen zu erzählen, als er für die Deutsche Bank, für die Privatbank BHF-Bank und die Credit Suisse in verschiedenen Positionen tätig war. New York, Frankfurt, München und zuletzt Zürich hießen seine Stationen. Nach rund 20 Jahren beschloss er, sich selbstständig zu machen. Sein Verständnis, Kunden umfassend zu beraten, unterschied sich immer mehr von dem, was Banken von ihren Angestellten verlangten. Aus Beratern wurden zunehmend Verkäufer, sagt er. Das gefiel ihm nicht. Cujai stieg aus und gründete sein eigenes Unternehmen.

Die Idee, neben der klassischen Vermögensverwaltung für Unternehmer eine Vermögensverwaltung für Profisportler anzubieten, war schnell geboren. Sportartikelhersteller, mit denen Marc Cujai zusammengearbeitet hatte, brachten ihn mit Beratern aus dem Sportbereich und ihren Klienten in Kontakt. Der Investmentspezialist entwickelte ein spezielles Konzept für die besonderen Bedürfnisse dieser Klientel. Er machte seinen Job gut, die ersten Kunden empfahlen ihn schnell weiter. Heute betreut Cujais Gesellschaft etliche Profifußballer aus Deutschland, Österreich und der Schweiz, die in den europäischen Spitzenligen spielen, unter anderem in der Bundesliga, in der spanischen Primera División, in der englischen Premier League oder auch in der französischen Ligue 1. Einige seiner Kunden spielen in der Champions League – und zwar nicht nur, wenn es darum geht, Tore zu schießen.

Frank: Herr Cujai, wenn ich die Zeitung aufschlage oder im Internet surfe, lese ich von astronomischen Summen, die im Profifußball verdient werden. Spieler und Berater pokern um Ablösen und Gehälter, die vor wenigen Jahren noch undenkbar waren. Wenn ich höre, was Spieler in Madrid, London oder Mailand verdienen, erscheint jede Diskussion darüber, ob Profifußballer über ihr Auskommen im Alter nachdenken sollten, eigentlich obsolet. Die sind doch alle spätestens Anfang 30 Millionäre, oder?

Marc Cujai: Lassen Sie sich von dem Glamour der großen Namen nicht täuschen. Natürlich verdienen Spieler wie Messi, Ronaldo oder Neymar Gehälter, die sich nicht mehr durch ihre Arbeitsleistung erklären lassen. Dazu kommen noch die Werbeverträge, die manchmal ein Vielfaches mehr einbringen. Spieler wie diese sind aber die Ausnahme. In vielerlei Hinsicht. Auch im finanziellen Bereich. Der Normalfall in der Bundesliga sieht eher so aus, dass einige wenige Clubs, wie etwa Bayern München oder Borussia Dortmund, manchen ihrer Spieler zweistellige Millionengehälter im Jahr zahlen, aber bei weitem nicht allen. Die meisten Fußballer in der Bundesliga verdienen Gehälter, die irgendwo im sechsstelligen Bereich anfangen und selten über einen mittleren einstelligen Millionenbetrag hinausgehen.

Frank: Das klingt trotzdem nicht danach, dass solche Spieler Angst vor Altersarmut haben müssten.

Marc Cujai: Das denken die meisten dieser Jungs auch, wenn sie als 20- oder 21-Jähriger zum ersten Mal einen großen Gehaltssprung machen. Aber wer denkt in dem Alter auch schon an das, was in zehn oder 20 Jahren kommt? Die Erkenntnis, was es bedeutet, wenn die großen Summen von einem auf den anderen Tag nicht mehr fließen, kommt bei vielen zu spät. Einer Studie der deutschen Spielergewerkschaft VdV zufolge haben nur 9 Prozent aller Ex-Fußballprofis aus der 1. und 2. Bundesliga nach der Karriere finanziell ausgesorgt. 44 Prozent müssen bei ihrem Lebensstandard deutliche Abstriche machen, 21 Prozent können sich gerade noch über Wasser halten. Und fast jeder Vierte ist schon kurz nach seinem Karriereende überschuldet.

Frank: Das dürfte für die hochbezahlten englischen Profis kaum gelten, oder?

Marc Cujai: Eine Studie aus Großbritannien zeigt, dass fünf Jahre nach dem Ende der Karriere über die Hälfte der ehemaligen Spieler aus der Premier League mittellos sind. Die Höhe der Gehälter sagt also nichts darüber aus, wie viel am Ende übrigbleibt. Entscheidend ist, welchen Lebensstandard man sich während der aktiven Karriere gönnt, wie man während der aktiven Laufbahn finanziell vorsorgt und inwieweit man bereit ist, Ansprüche und teure Gewohnheiten ab dem 35. Lebensjahr wieder zurückzuschrauben. Das muss man sich eben auch vor Augen führen: Das sind Männer, die vielleicht vor einigen Jahren eine Familie gegründet haben, ein teures Auto fahren, in einer großen Villa wohnen, vielleicht auch schon eine Scheidung hinter sich haben, Alimente zahlen müssen. Eben stehen sie noch im Rampenlicht, geben Interviews, sind gefragt, haben einen großen Freundeskreis und bekommen jeden Monat eine fünf- oder sechsstellige Summe aufs Konto überwiesen. Und dann ist plötzlich Schluss damit. Nicht selten enden mit dem üppigen Geldfluss auch Ehen, Beziehungen und Freundschaften. Gerade die ersten Jahre nach Beendigung der Sportlerkarriere sind gefährlich. Die laufenden Kosten und die alten Gewohnheiten sind noch da, die Einnahmen brechen aber weg. Wer dafür nicht rechtzeitig vorgesorgt hat, gerät schnell unter die Räder – selbst dann, wenn am letzten Spieltag der Karriere noch 1 Million Euro auf dem Konto liegen. Was übrigens viel seltener der Fall ist, als man glaubt.

Frank: Wie kann das sein?

Marc Cujai: Das ist einfache Mathematik. Die ist an den Sportinternaten, in denen die zukünftigen Profisportler ausgebildet werden, jedoch nicht unbedingt Hauptfach. Dabei ist die Rechnung eigentlich nicht schwer. Die entscheidende erste Frage lautet: Wie viel Geld benötigen Sie ab etwa Ihrem 34. oder 35. Lebensjahr im Monat, um über die Runden zu kommen? Für einen Durchschnittsspieler der Bundesliga, jemandem aus der mittleren Gehaltsklasse, der es gewohnt ist, 50.000 bis 100.000 Euro im Monat zu verdienen, ist das eine schwierig zu beantwortende Frage. Vor allem, weil sich die wenigsten von ihnen mit dem „Leben danach" auseinandersetzen. Viele denken, sie könnten als Trainer oder Co-Trainer weiterarbeiten, machen sich jedoch wenig Gedanken darüber, dass das schon allein zahlenmäßig gar nicht möglich ist. Zweitens schätzen die meisten Fußballer die Verdienstmöglichkeiten und ihre späteren Rentenbezüge im Alter vollkommen falsch ein.

Hagen: Wie lautet denn dann die Antwort auf die Frage, wie viel Geld ausreicht?

Marc Cujai: Da gibt es natürlich keine pauschale Antwort. Aber ich rechne meinen Klienten gerne Beispiele vor. Nehmen wir mal an, ein Ex-Fußballer will nach dem Karriereende über 10.000 Euro monatlich verfügen – was für viele schon eine enorme Einschränkung bedeuten würde. Dann wären das 120.000 Euro im Jahr. Nehmen wir mal an, derjenige geht keinem Beruf mehr nach, dann muss dieses Geld allein aus eigenen Vermögenswerten heraus generiert werden. Soll das Vermögen dabei nicht schrumpfen, müssen also allein Mieten, Zinsen und Dividenden dafür sorgen. Nehmen wir mal optimistisch an, wir hätten das Vermögen des Fußballers so angelegt, dass es durchschnittlich 5 Prozent jährlich an Rendite bringt, dann wären 2,4 Millionen Euro an Vermögen nötig. Um solch eine Summe aufzubauen, muss der Spieler etwa acht Jahre lang 25.000 Euro monatlich zur Seite legen. Vermutlich geht es deutlich schneller, denn bei dieser Rechnung habe ich Verzinsung, Wertzuwachs, Inflation und Zinseszins einfach weggelassen. Aber die Rechnung ist so einfacher zu verstehen. Zu meinem eigenen Erstaunen verblüffe ich den einen oder anderen Klienten mit solchen Beispielen.

Hagen: 25.000 Euro monatlich ist schon viel Geld für einen Sparplan.

Marc Cujai: Richtig. Jemand, der 50.000 Euro im Monat verdient, muss gedanklich also schon mal die Hälfte davon aus seinem Alltag streichen. Dazu kommen andere Posten wie beispielsweise eine

Sportinvaliditätsversicherung, eine Kranken- und Sportunfallversicherung. Im Profisportbereich fallen hier pro Jahr Versicherungsprämien in sechsstelliger Höhe an. Sie sehen schon: Wer seriös und ehrlich rechnet, kommt schnell zu dem Ergebnis, dass die meisten Fußballer während ihrer aktiven Karriere möglichst keinen zu aufwändigen Lebensstil pflegen sollten. Und schon gar keinen Lebensstil, der zu hohe laufende Kosten verursacht, von denen sie später nur noch schwer wieder herunterkommen. Aber am Ende steht und fällt die Rechnung natürlich mit dem privaten Lebensstil. Lebt der Spieler bodenständig und eher bescheiden, oder genießt er das derzeitige Leben in vollen Zügen und mietet sich für Kurztrips auch mal einen Privatjet. Häufig stellen wir hier auch je nach Alter die Veränderungen fest.

Hagen: Wie gehen Sie vor, wenn Ihr Klient Ihre Rechnung verstanden hat und, sagen wir mal, einen Betrag von 30.000 Euro monatlich zur Seite legt?

Marc Cujai: Wir starten ganz konservativ mit einem Fondssparplan. Dabei wählen wir Fonds aus, die möglichst breit diversifizieren. Das ergänzen wir mit der einen oder anderen Standardaktie. Einige Spieler haben Spaß daran, wenn wir ihnen zum Beispiel erklären, dass ein Teil des Gewinns, den Coca-Cola generiert, wieder bei ihnen ankommt, wenn sie eine Cola trinken und gleichzeitig Coca-Cola-Aktien im Depot haben. Wir betreiben da nebenbei ein wenig betriebs- und volkswirtschaftliche Bildung.

Hagen: Anleihen sind aber auch ein Thema, oder?

Marc Cujai: Natürlich. Ein Teil des Geldes wird auch in Anleihen investiert. Wie viel Geld in Aktien und wie viel Geld in Anleihen geht, hängt davon ab, wie alt der Spieler ist, wann er mit dem Sparen angefangen hat, was schon an Vermögen da ist und wie sein weiterer Plan aussieht. Anleihen sind weniger anfällig für Wertschwankungen, dafür aber nicht so renditestark. Wenn es Richtung Karriereende geht und absehbar ist, dass der Spieler neben den

Erträgen auch Teile der Kapitalanlage für seinen Lebensunterhalt benötigt, müssen wir dies natürlich einplanen und den Anteil der konservativen Zinspapiere erhöhen, um hohe Schwankungen herauszunehmen. Ist absehbar, dass der Spieler längerfristig nicht auf sein Kapital zugreifen muss, mischen wir ab einer gewissen Vermögenssumme Aktien bei, die vielleicht etwas riskanter, dafür aber auch potenziell ertragreicher sind. Zum Beispiel chinesische Aktien. Man muss dabei aber natürlich immer die komplette Finanzstruktur im Blick behalten. Was ist an Einnahmen, Kosten und Vermögen da. Das muss passen. Ziel ist es ja schließlich, bis zum Zeitpunkt X stetig und nachhaltig ein Vermögen aufzubauen. Die Absicherungsmechanismen sind also ebenso wichtig wie der Investitionsplan.

Frank: Chinesische Aktien? Das klingt exotisch.

Marc Cujai: Aber nur in unseren westeuropäischen Ohren. China wird bald die größte Volkswirtschaft auf diesem Planeten sein. Technologisch ist das schon lange kein Schwellenland mehr, sondern in vielen Bereichen schon Vorreiter. Ich bin häufiger dort, das nächste Mal in zwei Tagen. Und es erschreckt mich geradezu, wenn ich wieder hier lande und sehe, wie rückschrittlich wir in vielerlei Hinsicht im Vergleich schon sind. Egal, ob es um IT, Raumfahrt, Eisenbahntechnik, Schifffahrt, Medizinprodukte, KI, E-Autos, Umwelt, Landwirtschaft oder Elektrotechnik geht: Die Chinesen haben uns auf diesen Gebieten schon überholt oder werden es in den kommenden Jahren tun. Während wir noch über Fahrverbote für Diesel in Innenstädten diskutieren, fahren in China bald schon 1 Million Elektroautos. Während wir noch an der Kasse in unserem Portemonnaie nach dem passenden Kleingeld suchen, zahlen drei Viertel der Smartphonenutzer in China bereits mit ihrem Mobilgerät. In der Zeit, in der bei uns kein Hauptstadtflughafen entstand, haben die Chinesen zehn Städte neu gebaut. Vor diesem Hintergrund stellt sich die Frage: Ist es exotischer, in DAX-Aktien zu investieren oder in chinesische Aktien?

Hagen: Wenn Sie so sehr von China und den Unternehmen überzeugt sind, gibt es denn dann auch ein börsennotiertes Unternehmen, das Sie besonders beeindruckt?

Marc Cujai: Nicht nur eines. Wir haben einen China-Fonds aufgelegt, in dem wir die stärksten chinesischen Markenunternehmen versammelt haben. Das sind alles Qualitätswerte. Viele von denen sind hierzulande gar nicht bekannt, in Asien jedoch schon jeweils in ihrem Bereich führend und sicher auch bald bei uns mehr sichtbar. Wenn ich mich da für ein Unternehmen entscheiden muss, dann vielleicht Tencent. Das ist ein Internetunternehmen besonderer Art, gewissermaßen eine Art WhatsApp, ApplePay, Amazon und Facebook in einem, ergänzt um Servicedienste, mit denen Sie als Nutzer etwa Ihr Auto anmelden und Behördengänge erledigen können. Eine Alleskönnermaschine, die mittlerweile für viele Chinesen wie selbstverständlich zum Leben gehört.

Frank: Fliegen Sie übermorgen nach China, um dort Fußballer zu treffen?

Marc Cujai: Nein. Fußball, das ist in China noch einmal ein ganz anderes Thema. Aber wer weiß? Vielleicht eröffnen wir in ein paar Jahren ja mal eine Filiale dort. Ausschließen will ich das nicht.

Frank & Hagen: Herr Cujai, wir bedanken uns dafür, dass Sie uns einen Einblick in ein spannendes Thema gegeben haben, und drücken Ihnen die Daumen für Ihren Trip nach China.

Steckbrief

MC Vermögensmanagement AG

Geschäftsführung: Marc Cujai (Foto), Manuel Bolkart
Gründungsjahr: 2009
Anzahl der Verwalter: 2
Verwaltetes Vermögen: circa 150 Millionen Euro
Höhe des erforderlichen Anlagevolumens: 100.000 Euro
Kunden-Zielgruppe: vermögende Privatpersonen und Familien
Dienstleistungsangebot: individuelle Vermögensverwaltung, Fondsmanagement, Family Office
Spezielle Kompetenzen: Sportler- und Künstlerberatung, Optionsstrategien und Beratung bei Anlagen in China
Adresse: Am Schrägen Weg 9, FL-9490 Vaduz, Liechtenstein
Telefon: +423 230 2111
E-Mail: info@mcvm.li
Internet: www.mcvm.li

Unsere Prämisse lautet: Wir sind keine Produktverkäufer, sondern Dienstleister im Sinne unserer Mandanten.

FRIEDRICH HUBER

Friedrich Huber und Michael Reuss – Huber, Reuss & Kollegen Vermögensverwaltung GmbH

VERMÖGENSVERWALTER ALTER SCHULE MIT NEUEN GEDANKEN

Wir stehen auf der Ludwigsbrücke in München. Unter uns fließt die Isar. Bevor wir Friedrich Huber und Michael Reuss treffen, keine Minute Fußweg entfernt, direkt am Ufer, lassen wir unsere Blicke über die Museumsinsel schweifen. Wir haben Glück mit dem Wetter. München zeigt sich uns von seiner sonnigen Seite. Wir nehmen uns vor, nach dem Gespräch mit den beiden Vermögensverwaltern noch ein wenig im Englischen Garten spazieren zu gehen. Es lässt sich vermutlich gut leben hier – vorausgesetzt natürlich, man hat das nötige Kleingeld. München zählt zu den teuersten Städten Deutschlands, wenn es um Quadratmeterpreise für Wohnungen, Häuser und Grundstücke geht. Selbstnutzer zahlen in München für Toplagen immer höhere Preise. Das ist ein Markt für sich, mit ganz eigenen Regeln. „Mia san mia" gilt irgendwie auch für den Immobilienmarkt hier.

Trotzdem gibt es erstaunlicherweise selbst hier noch Objekte, die sich für die Kapitalanlage rechnen können. Denn in Spitzenlagen können Vermieter 25 bis 40 Euro pro Quadratmeter verlangen. Selbst in mittleren bis guten Lagen sind 18 bis 25 Euro keine Seltenheit. Möglich ist das durch die hohe Kaufkraft in der Region. München ist eben keine Arbeiterstadt. Arbeitgeber wie beispielsweise Allianz, BMW, Siemens, Münchener Rück, Google oder Microsoft, das sein Deutschlandgeschäft von München aus betreibt, sorgen mit ihren hoch dotierten Bürojobs für ein Lohn- und Sozialgefüge, das über dem Bundesdurchschnitt liegt. Gleichzeitig haben sich viele Ärzte, Notare und Rechtsanwälte in der Innenstadt und in B-Lagen niedergelassen. Es herrscht eher ein Mangel an Platz und nicht an verfügbarem Einkommen. Es gibt deshalb Stimmen, die behaupten, bei den Immobilienpreisen in der bayerischen Landeshauptstadt gebe es noch Luft nach oben. Was dafür spricht: Blickt man nur auf Deutschland, sieht München zunächst teuer aus. Im Vergleich zu anderen europäischen Metropolen ist die Stadt jedoch noch lange nicht das teuerste Pflaster. Die Hoffnung auf weiter steigende Preise lockt auch immer mehr ausländische Investoren in die Region. Käufer aus den Arabischen Emiraten, Russland, Italien und Frankreich haben den Münchener Raum ebenfalls für sich entdeckt und tragen zum Boom bei. Wir beobachten das gespannt aus der Ferne. Im Vergleich zu Leipzig, wo es uns als gut vernetzten Insidern leichtfällt, attraktive Objekte zu finden und zu entwickeln, erscheint uns der Münchener Immobilienmarkt wie eine unergründliche Blackbox, in der erstaunliche Dinge passieren.

Am Isarufer zu stehen, den Ausblick zu genießen und nicht darüber nachdenken zu müssen, mit welcher Immobilie wir hier gerade welche Herausforderungen zu bewältigen haben, das hat etwas

Erleichterndes. Wir fühlen uns bei diesem Gedanken plötzlich fast wie im Urlaub.

Die beiden Vermögensverwalter fühlen sich wohl in ihrem Reich, das sie sich selbst geschaffen haben

Friedrich Huber und Michael Reuss empfangen uns in einer ihrer beiden alten Bibliotheken der Vermögensverwaltung Huber, Reuss & Kollegen. Wir sind umringt von Familienchroniken. Die Flicks, die Quandts, die Piëchs – uns umweht das Flair deutscher Industriegeschichte. In den Regalen daneben sehen wir Gedichte von Wolfgang von Goethe, neuere Belletristik, historische Bücher sowie eine bunte Mischung von Literatur rund um das Thema Finanzen. Hier, in diesem Raum, so erzählen sie uns, führen Huber und Reuss ihre Kundengespräche. Das können wir uns gut vorstellen. Der Blick in die Bücherregale ist nicht nur eine hervorragende Kulisse, sondern sicher auch anregend. Manchmal reicht ja ein Blick auf einen Buchrücken, um sich von seinem Inhalt inspirieren zu lassen – selbst wenn man das Buch nicht direkt wieder aufschlägt, sondern sich nur daran erinnert, was auf den Seiten im Inneren steht.

Die beiden Vermögensverwalter fühlen sich sichtlich wohl in ihrem Reich, das sie sich selbst geschaffen haben. Die beiden hatten zuvor mehrere Jahre bei der Bayerischen Hypotheken- und Wechselbank in München gearbeitet. Friedrich Huber war für vermögende Privatkunden zuständig, während Michael Reuss Geschäftskunden betreute. Zur Jahrhundertwende war die Bank eine der ersten, die anfing, einen stärkeren Fokus auf den Produktverkauf zu legen, so Reuss. Beide Vermögensverwalter erhielten damals ein Fax von ihrer Bereichsleitung, das sie bis zum Wochenende ausgefüllt hätten zurücksenden müssen. In diesem Fax standen Produktziele statt Erlösziele. Der Auftrag hieß klar, Produkte zu verkaufen, völlig unabhängig davon, ob sie zu den Kunden passten oder nicht. Wer seine Produktquote nicht schaffte, dessen Bonus wurde reduziert oder gestrichen. Das Fax sendeten Reuss und Huber nie zurück.

Frank: Herr Reuss, Herr Huber, war das tatsächlich die Initialzündung für Ihre gemeinsame Unternehmensgründung? Dieses Fax?

Michael Reuss: Natürlich war es nicht allein dieses Fax. Das war nur der berühmte Tropfen, der das Fass zum Überlaufen brachte.

Wir haben uns einfach mit der Entwicklung, die wir wahrnahmen, nicht mehr wohl gefühlt. Einfach den Arbeitgeber zu wechseln, war für uns keine Alternative. Denn damals haben viele Banken damit begonnen, ihre Beratungsstrategien umzubauen und den Produktverkauf aggressiver zu gestalten. Für uns war damit klar, dass wir ein eigenes Konzept umsetzen wollten. Wir haben deshalb für uns eine Prämisse für die eigene, neue Vermögensverwaltung aufgestellt: Wir sind keine Produktverkäufer.

Frank: Es ist ein mutiger Schritt, dem Arbeitgeber zu sagen: „Das will ich nicht", seinen Hut zu nehmen und zur Tür hinaus zu spazieren.

Friedrich Huber: Das ist jetzt etwas überspitzt dargestellt. Aber wir haben nicht bei null angefangen. Wir sind im Jahr 2000 mit einem verwalteten Vermögen von etwa 150 Millionen Euro gestartet. Unter den anfänglich rund 250 Kunden waren viele, die gemeinsam mit uns von der Bayerischen Hypotheken- und Wechselbank zu unserer neuen Vermögensverwaltung wechselten. Manche stießen auch durch Empfehlungen hinzu.

Frank: Sie betreuen also vor allem Privatkunden?

Michael Reuss: In der ersten Zeit war das so. Seit ein paar Jahren kommen jedoch auch immer mehr institutionelle Kunden, darunter Pensionskassen und Stiftungen, auf uns zu. Mittlerweile macht der

Anteil der Institutionellen rund ein Drittel des betreuten Anlagevolumens aus.

Hagen: Fühlen sich die institutionellen Investoren denn nicht bei den Großbanken besser aufgehoben?

Michael Reuss: Vielleicht war das mal so. Aber das hat sich in den vergangenen Jahren verändert. Auch die Institutionellen stören sich zunehmend an den uniformierten Angeboten der Großbanken. Als unabhängige Vermögensverwalter gehen wir einfach anders an die Dinge ran. Wir hören aufmerksamer zu und haben mehr Freiheiten bei der Gestaltung. Das kommt nicht nur bei Privatkunden gut an.

Hagen: Was unterscheidet institutionelle Anleger von privaten?

Michael Reuss: Die Wünsche und Ziele unterscheiden sich gar nicht so sehr, wie man meinen könnte. Es sind eher formale Themen oder auch Anlagerichtlinien, die zum Beispiel bei Pensionskassen natürlich wesentlich enger gefasst sind, als es bei einem Privatkunden in der Regel der Fall ist. Zudem legen institutionelle Kunden Wert auf ein professionelles Risikomanagement und ein aussagekräftiges Reporting.

Frank: Und wenn es um die Rendite geht? Haben institutionelle Anleger da andere Vorstellungen als Privatkunden?

Friedrich Huber: Die Performance ist natürlich für beide Parteien ein wichtiger Punkt. Der Unterschied liegt aber weniger in der Renditeerwartung als im Zeithorizont. Privatkunden denken meist langfristig, institutionelle Investoren eher in Dekaden. Wichtig ist bei beiden, dass man auch das liefert, was man zusammen mit dem Kunden besprochen hat, und immer seine Anlageentscheidung dokumentiert begründen kann. Grundsätzlich heißt das für beide Kundengruppen: gut zuhören, professionell handeln.

Frank: Wie sehen Sie die Entwicklung der Vermögensverwalterbranche insgesamt?

Michael Reuss: Ich glaube, dass es bei den Kunden schon so eine Art Rückbesinnung auf alte Tugenden gibt. Den klassischen Privatbankier, wie man ihn sich so vorstellt, den gibt es heute ja kaum noch. Die Menschen mögen es aber, wenn sie in angenehmer Atmosphäre mit vollem Namen angesprochen werden, und sie merken, ob ihnen jemand wirklich zuhört und ihre Anliegen versteht oder ob jemand das Gespräch möglichst schnell auf die Zielgerade zum Produktverkauf lenkt.

Hagen: Ist es denn aktuell nicht eher so, dass genau das Gegenteil stattfindet? Weg vom Ledersessel in der Bibliothek, hin in den virtuellen Raum? Derzeit erobern ja FinTechs die Welt. Zahlen mit dem Smartphone, Onlinebanking, Onlinekreditvermittlung, Crowdfunding im Internet und nicht zuletzt die sogenannten Robo-Advisors, also digitale Vermögensverwalter – das sind doch Themen, die die Finanzwelt ganz schön durcheinanderwirbeln, oder?

Michael Reuss: Software kann niemals einen Vermögensverwalter komplett ersetzen. Schon im Begriff „digitalisierte Vermögensverwaltung" steckt die Erklärung dafür. Digital heißt, dass es immer nur ein Ja oder ein Nein gibt. Ein „Ja, aber" oder ein „Vielleicht" lässt sich nicht so einfach programmieren. Mandanten brauchen maßgeschneiderte Strategien. Das wird spätestens dann deutlich, wenn Sie Kunden haben, die Oldtimer, Kunst und unterschiedliche Immobilienbeteiligungen im Portfolio haben. Ich kenne kein Computersystem, das so etwas zufriedenstellend abbildet.

Hagen: Grundsätzlich geht aber doch auch an Ihrer Branche der technische Fortschritt nicht vorbei, oder?

Friedrich Huber: Natürlich können sogenannte FinTechs in der Vermögensverwaltung hilfreich sein. Sie können helfen, Anlageideen zu generieren. Je nachdem, wie man so etwas gestaltet, kann ich mir das auch für uns vorstellen. Es gibt in der Vermögensverwalterszene die eine oder andere gute Idee für eine Onlinevermögensverwaltung. Als klassischer Vermögensverwalter muss man mit der Zeit mitgehen und auch technologisch neue Wege gehen, um den Anschluss an die digitalisierte Welt nicht zu verpassen. Aber das muss schon zu uns und unserem Selbstverständnis passen und darf keine Verkaufsmaschine sein. Rechts und links der Onlineberatung gibt es durchaus sehr sinnvolle Entwicklungen, die wir nutzen können und werden.

Frank: Können Sie Anwendungsfelder nennen?

Michael Reuss: Einige FinTechs haben praktische Software für die innerbetriebliche Anwendung geschaffen. Die Regulierung mit ihren gestiegenen Anforderungen an Dokumentation und Administration sorgt schließlich für Druck in den IT-Abteilungen der Finanzbranche. Hierfür als auch für den Research-Bereich gibt es durchaus clevere Lösungen, denen auch wir uns nicht verschließen.

Frank: Spüren Sie denn keinen Konkurrenzdruck durch die Robo-Advisors?

Friedrich Huber: Die jungen Robo-Unternehmen haben schnelle Erfolge erzielt und Kunden mit kleinen Anlagebeträgen in ihre Onlineangebote gelockt. Aber dieses Wachstum stößt bereits an seine Grenzen. Deshalb überrascht es mich nicht, dass sich immer mehr FinTechs mit großen etablierten Playern zusammentun. Große Banken wie BNP Paribas, Deutsche Bank oder die Commerzbank haben eigene Beteiligungsfirmen gegründet, die ausschließlich das Ziel haben, aussichtsreiche Tech-Startups zu finden oder auch in bereits weiter fortgeschrittene Unternehmen zu investieren.

Hagen: Das heißt, es bewegt sich etwas in der Branche.

Michael Reuss: Sagen wir mal so: Die jungen Wilden legen schonungslos die Schwächen der alten Bankenwelt offen und sorgen in wichtigen Bereichen für Bewegung. Robo-Advisors machen uns vor, wie man einen interessierten Anleger nach zehn Fragen und ein paar Klicks online zur Kontoeröffnung bewegt. Bei einem klassischen Vermögensverwalter muss man dafür ein 36-seitiges Kontoeröffnungsformular ausfüllen. Das hat natürlich auch mit den unterschiedlichen Geschäftsmodellen und regulatorischen Auflagen zu tun. Aber nicht nur. An manchen technischen Stellschrauben müssen auch wir noch dringend drehen.

Hagen: An welchen zum Beispiel?

Friedrich Huber: Ein Thema ist die Echtzeit-Abfrage von Depotständen. Für die Kunden der meisten Robo-Advisors ist das eine Selbstverständlichkeit. Denn die FinTechs arbeiten in der Regel nur mit einer Depotbank, auf deren Schnittstellen sie ihre Dienste abgestimmt haben. Bei den klassischen Vermögensverwaltern sieht das oft anders aus. Wir beispielsweise arbeiten mit sieben Depotbanken zusammen. Jede einzelne hat ihr eigenes IT-System und eigene Schnittstellendefinitionen. Würden wir eine Portfolio-App anbieten, müsste die entsprechende Software mit jedem einzelnen Depotbanksystem kompatibel sein. Hier braucht es dringend mehr Standardisierung. Das wissen auch die Banken. Und in diesem Fall finden wir es gut, dass die FinTech-Konkurrenz für den nötigen Druck im Schnittstellenkrieg sorgt. Unsere Banken haben die ältesten IT-Systeme der Welt. Das sorgt letztlich für eine gewisse Starre und Unbeweglichkeit, gerade wenn es um neue Services geht. Es ist also gut, dass es hier Bewegung im Markt gibt.

Frank: Ist das nur eine Bewegung oder ein Rennen, bei dem es am Ende einen Sieger geben wird?

Michael Reuss: Die wirklichen Gewinner des digitalen Zusammenwachsens verschiedener Unternehmen, Systeme und Geschäftsmodelle sind nicht die im Netz sichtbaren Onlinebroker und Advisors im Netz, sondern die Softwaredienstleister im Hintergrund. Die Firmen, die die Software und die vielfältigen Schnittstellen programmieren, die Netzwerke warten und die nötige Infrastruktur aufbauen, sorgen überhaupt erst dafür, dass Robo-Advisor, Depotbanken, Banken und andere Finanzdienstleister zusammenarbeiten und ihre Services den Kunden anbieten können. Hier liegt echtes Wachstumspotenzial.

Frank: Welche Konsequenzen haben Sie daraus für sich gezogen?

Friedrich Huber: Wir haben unsere eigene Denkfabrik eingerichtet, die sich damit beschäftigt, wichtige Zukunftstrends, die damit verbundenen Themen – und vor allem potenzielle Gewinner in verschiedenen Szenarien – zu erkennen. An unserer Denkfabrik nehmen nahezu alle Mitarbeiter teil, die sich in Arbeitsgruppen mit Themen beschäftigen, die das Leben in Zukunft verändern oder beschäftigen werden. Die Ergebnisse haben zum Teil Auswirkungen auf unsere eigene technische Entwicklung, zum Teil beeinflussen sie auch unsere Anlagestrategien. Es bringt uns auf jeden Fall voran, uns die Zeit zu nehmen, um uns regelmäßig aus dem Tagesgeschäft zurückzunehmen und gemeinsam über den Tellerrand zu blicken. Das ist eine wichtige Erfahrung.

Hagen: Sie sagen, dass Sie sich auch mal bewusst aus dem Tagesgeschäft zurücknehmen. Lesen Sie dann auch mal in den Büchern, die da hinter Ihnen stehen?

Michael Reuss: Sie sehen gerade so aus, als ob Sie ein bestimmtes Buch im Blick haben.

Hagen: Richtig, ertappt. Ich sehe *Narren des Zufalls* von Nassim Taleb in einem der Regale. Ich habe es zufällig vor einiger Zeit gelesen und war recht ernüchtert, was die Zuverlässigkeit von Investmentbanking angeht. Wenn ich es recht in Erinnerung habe, dann schreibt Taleb, dass man Börsenerfolg selten mit einer cleveren Strategie oder Intelligenz erzielt, sondern eher durch Glück und Zufall. Für Vermögensverwalter oder auch Fondsmanager, die ja aus ihrem Selbstverständnis heraus versprechen, besser als der Marktdurchschnitt agieren zu können, ist das doch starker Tobak, oder?

Michael Reuss: Wenn Taleb einfach nur geschrieben hätte, dass man sich mit Statistik und Mathematik befassen sollte, um Wahrscheinlichkeiten errechnen zu können, hätte sich das Buch vermutlich nicht so gut verkauft. Womit er allerdings Recht hat, ist, dass man aus vergangenen Entwicklungen keine sichere Prognose für die Zukunft ableiten kann. Man kann nur Trends erkennen, seine

Schlüsse daraus ziehen und Strategien entwickeln, mit denen man auf die eine oder andere Fortführung dieser Trends reagieren kann. Das gilt allgemein, nicht nur für Anlagestrategien, sondern auch für Unternehmen oder überhaupt fürs Leben.

Friedrich Huber: Und da sind wir schon wieder bei unserer Denkfabrik. Letztlich geht es genau darum.

Michael Reuss: Vielleicht sollten wir das Buch dort sogar mal zum Thema machen. Vielen Dank für die Anregung.

Frank & Hagen: Herr Huber, Herr Reuss, keine Ursache. Wir bedanken uns ebenfalls – und zwar für das anregende und informative Gespräch mit Ihnen.

Steckbrief

Huber, Reuss & Kollegen Vermögensverwaltung GmbH

Geschäftsführung: Friedrich Huber (Foto, li.), Michael Reuss (Foto, re.), Bernhard Pfitzner, Christian Fischl
Gründungsjahr: 2000
Anzahl der Verwalter: 20, insgesamt 29 Mitarbeiter
Verwaltetes Vermögen: circa 2,5 Milliarden Euro
Höhe des erforderlichen Anlagevolumens: 500.000 Euro individuelle Vermögensverwaltung mit Einzeltitel, ab

250.000 Vermögensverwaltung mit Fonds beziehungsweise ETFs
Kunden-Zielgruppe: vermögende Privatpersonen, Familien, Stiftungen, Unternehmen und institutionelle Investoren
Dienstleistungsangebot: ganzheitliches Vermögensmanagement (Family-Office-Gedanke), Kapitalmarktanalysen, Anlagekonzeption und aktives Risikomanagement, Vermögensbetreuung in Form einer individuellen Einzeldepotverwaltung, Beteiligungen, Erbschafts- und Schenkungsplanung, Finanzierungskonzeption, Testamentsvollstreckung, Stiftungsmanagement
Spezielle Kompetenzen: eigenes Investmentteam mit erfahrenen Kapitalmarktexperten, konservativer Investmentansatz mit dem Ziel des realen Erhalts des Vermögens, insbesondere im Umfeld negativer Realzinsen; aktiver, auf fundamentalen Kriterien basierender Multi-Asset-Ansatz, der Anlageinstrumente wie Aktien, Fonds, ETFs und verzinsliche Anlagen kombiniert; Top-down-Quotensteuerung der Allokation mit Bezug auf die hauseigne Makro- und Kapitalmarktstrategie; die Titelselektion innerhalb der Assetklassen erfolgt Bottom-p; bei Anleihen werden klassischen Staats- beziehungsweise Investmentgradeanleihen Spezialrenten beigemischt, die zum Beispiel regulatorische oder marktspezifische Ineffizienzen aufweisen
Adresse: Steinsdorfstraße 13, 80538 München
Telefon: 089/2166860
E-Mail: info@hrkvv.de
Internet: www.hrkvv.com

Als passionierter Bergsteiger sichere ich mich grundsätzlich ab. Das kostet zwar Zeit. Aber ich sorge dafür, dass ich oben ankomme.

THOMAS BUCKARD

Thomas Buckard – MPF AG

MODETRENDS SIND MORGEN SCHON VON GESTERN

Wir stehen mitten in Wuppertal unter einem Stahlgeflecht mit 120-jähriger Geschichte. Das „Einschienige Hängebahn System", wie die Wuppertaler Schwebebahn bei ihrer Einweihung offiziell hieß, war ihrer Zeit voraus. Heute wird in vielen Städten über solche und ähnliche Verkehrssysteme neu nachgedacht. Für Hängebahnen spricht, dass keine Tunnel gebaut und keine Straßen für den Schienenbau aufgerissen werden müssen. Städte wie Medellín in Kolumbien gelten heute als Vorbild für solche Systeme. Es ist gut möglich, dass Schwebe-, Hänge- und Seilbahnen in 20 bis 30 Jahren in deutschen Städten zur Selbstverständlichkeit gehören. An die Diskussionen über Dieselverbote in den Innenstädten wird man sich dann wohl kaum noch erinnern.

Auch der Immobilienmarkt in Wuppertal setzt mittlerweile wieder Zeichen. Das war lange Zeit nicht so, die Preise hinkten dem

Republikdurchschnitt hinterher. Vielleicht, weil der Schatten des Ruhrgebiets mit seinem oft propagierten, aber nicht ganz geglückten Strukturwandel durch den Wegfall des Kohlebergbaus auch auf Wuppertal ausstrahlte. Doch um an dieser Stelle einmal Klarheit zu schaffen für alle, die sich in der Region nicht so gut auskennen: Obwohl gebürtige Wuppertaler „dat“ und „wat“ anstatt „das“ und „was“ sagen, gehört Wuppertal nicht (!) zum „Ruhrpott“. Der beginnt im Ennepe-Ruhr-Kreis im Norden Wuppertals. Wuppertal liegt eben nicht an der Ruhr, sondern an der Wupper. Wie der Namen schon verrät.

Vielleicht hat sich diese Tatsache mittlerweile weiter herumgesprochen. Vielleicht hat sich auch herumgesprochen, wie hoch die Lebensqualität hier ist – wenn man nicht gerade auf ein Fahrrad als einziges Verkehrsmittel angewiesen ist. Die steilen Straßen sind nichts für untrainierte Beine. Vielleicht hat sich auch herumgesprochen, wie reich die Kulturszene in Wuppertal ist. Pina Bauschs Tanztheater ist seit langem eines der Aushängeschilder, aber keinesfalls ein Einzelfall. Das Opernhaus in Barmen, das Theater am Engelsgarten, Tony Craggs Skulpturenpark und die Historische Stadthalle Wuppertal, in dem das Sinfonieorchester Wuppertal sein Domizil hat, sind gut besucht. Und vielleicht haben sich manche Investoren auch Gedanken darüber gemacht, warum es in Wuppertal eine so lebendige Kultur- und Künstlerszene gibt, nämlich weil in der Stadt auch das notwenige Geld zu Hause ist, um die Szene lebendig zu halten. Was auch immer ein Umdenken in Sachen Wuppertal ausgelöst hat, welches „Vielleicht“ auch immer dazu beigetragen hat, dass Investoren mit mehr Interesse auf Wuppertal schauen: Fakt ist, dass die Preise in der Region in den vergangenen Jahren in die Höhe geschossen sind.

Zwar gibt es – das soll nicht verschwiegen werden – viele unschöne Ecken in Wuppertal. Im Krieg wurden rund 40 Prozent der Stadtfläche in Schutt und Asche gelegt. Das hat Spuren hinterlassen. Doch die wunderschönen Gründerzeitbauten, die den Krieg überlebt haben und aufwendig renoviert wurden, sind begehrt. Wer Wuppertal nur aus dem Zugfenster kennt, wenn die Bahn am Hauptbahnhof hält, kann die schönen Seiten Wuppertals leider nur erahnen. Deshalb unser Tipp: Es lohnt sich, hier nicht nur durchzufahren, sondern mal aus dem Zug auszusteigen. Unser Insidertipp sowohl für Immobilien- als auch für Kunstinteressierte: die Königsberger Höfe in Wichlinghausen, einem Stadtteil im Bezirk Oberbarmen. Der Gebäudekomplex mit seinen vier Gewerbe- und zwei Wohnhäusern beherbergt Wohnungen, Unternehmen, eine KiTa und Büros. Das herausragende i-Tüpfelchen aber sind die Vermietungen an Künstler, Kulturschaffende und Designstudios. Dieser Bereich macht rund 30 Prozent der Mietfläche aus. Wenn wir von Wuppertal als Kulturstadt sprechen, dann ist das hier ein ausdrucksstarker Beleg dafür.

MPF gehört zu den gesellschaftlichen Knotenpunkten in der Region

Vermutlich ist es kein Zufall, dass das erste, was uns in den Büroräumen der Michael Pintarelli Finanzdienstleistungen AG auffällt, die Kunst an der Wand ist. Im Flur und in dem Büro, in dem wir uns mit Vorstand Thomas Buckard unterhalten, hängen Werke von Stephan Erfurt und David Gerstein. Es sind New-York-Themen. Stephan Erfurt ist in Wuppertal geboren. Wuppertal meets Wall Street. Das ist die Botschaft an der Bürowand. Wir schauen aus dem Fenster und sehen direkt auf die Schwebebahn. Die Bilder, die uns umgeben, sind im wahrsten Sinne des Wortes miteinander verzahnt. Thomas Buckard, den wir hier treffen, bewegt sich sicher durch diesen Raum, gelassen, ohne einen Anflug von Hektik. Buckard ist in Wülfrath vor den Toren Wuppertals geboren und aufgewachsen. Er lebt immer noch dort und ist hier offensichtlich gern zu Hause. So viel Wurzelwerk sorgt zwangsläufig für eine gute Verdrahtung in der Region. Die Bilder hängen auch deshalb hier, weil Kunstkenner zu den Kunden von MPF gehören, erzählt uns Buckard. Das Wuppertaler Netzwerk des Vermögensverwalters ist dicht. Man kennt sich, man hilft sich, man gibt einander Tipps. MPF gehört zu den gesellschaftlichen Knotenpunkten in der Region. Als das Unternehmen im Jahr 2000 startete, war es der zweite Vermögensverwalter überhaupt, der in der Republik die behördliche Erlaubnis zur Finanzportfolioverwaltung, die sogenannte Vermögensverwalter-Lizenz, erwarb. Bis zur Jahrtausendwende war die Vermögensverwalterbranche vergleichsweise schwach reguliert. Die Einführung der Zulassung nach Paragraf 32 des Kreditwesengesetzes (KWG) war eine Zäsur. Die Zahl der unabhängigen Vermögensverwalter hat sich seitdem geviertelt. MPF ist nicht nur einer der ersten unter der damals neuen Regulierung, sondern heute einer der Hidden Champions. Buckard ist Vorstand bei MPF und gleichzeitig einer der fünf Vorstände des Verbands unabhängiger Vermögensverwalter VuV e. V. Thomas Buckard bietet uns Kaffee an. Wir nehmen dankend an, schauen uns noch einmal um und bedauern erneut, dass die Schwebebahn nicht fährt. Es wäre sicher ein netter Anblick von hier aus, fast auf gleicher Höhe mit der Bahn.

Hagen: Herr Buckard, vorn im Empfangsbereich liegen Zeitungen aus. Das wird allmählich zur Seltenheit. Mittlerweile hat es sich doch durchgesetzt, sein Smartphone zu zücken, wenn man irgendwo sitzt. Sind die Zeitungen Ausdruck von Nostalgie? Oder ist es einfach nur Gewohnheit, weil man das in Wartebereichen schon immer so gemacht hat in den vergangenen Jahrzehnten?

Thomas Buckard: In dieser Hinsicht bin ich vielleicht etwas altmodisch. Ich blättere auch im Zug lieber in einer Zeitung, als dass ich aufs Smartphone starre. Ich genieße das sogar, mich bei solchen

Gelegenheiten aus der Alltagshektik auszuklinken und in Ruhe zu lesen. Wenn ich mit der Bahn reise, buche ich den Ruhebereich. Ich finde, es macht einen Unterschied, ob ich in einem Text scrolle und schnell Informationen scanne oder ob ich mir die Zeit nehme, in Ruhe einen Text zu lesen, und dabei nicht nur Aktuelles, sondern auch Hintergründiges erfahre. Das muss auch nicht nur mit Finanzen zu tun haben.

Frank: Offensichtlich kennen Sie sich ja auch mit Kunst aus. Wenn man sich hier so umblickt ...

Thomas Buckard: Ich bin kein großer Kunstkenner. Als Vermögensverwalter kennen wir aber natürlich Menschen, die sich mit Kunst auskennen. Überhaupt habe ich die Erfahrung gemacht, dass man als Vermögensverwalter rechts und links der eigenen Profession viel lernen kann. Und das strahlt positiv zurück. Wir sind ja nicht nur Geldverwalter, sondern oft auch zentraler Ansprechpartner für alle möglichen Dinge. Das ist das Spannende an dem Job. Die Geschichten rechts und links des Geldes. Um ehrlich zu sein: Eine professionelle Vermögensverwaltung, das können viele. Das ist Handwerk. Ich bin schließlich auch nicht der einzige ehemalige Banker mit solider Grundausbildung und Erfahrung, der sich irgendwann als Vermögensverwalter selbstständig gemacht hat. Wir kommen mit sehr unterschiedlichen Menschen mit sehr unterschiedlichen Anforderungen und Erwartungen an ihr Leben und damit auch an ihre Finanzen in Kontakt. Für die vielen Fragen die passenden Antworten zu finden, das ist die eigentliche Herausforderung. Oftmals lässt sich die Antwort in einem Anlagekonzept zusammenfassen. Meistens sind die Zahlen aber Ausdruck von etwas wesentlich Komplexerem, das sich eben nicht in Zahlen oder Formeln ausdrücken lässt. Und da sind wir wieder beim Zeitunglesen. Ich bleibe nicht unbedingt an den Marktberichten hängen. Es gibt spannendere Themen. Und die mag ich nicht auf einem Smartphone lesen.

Hagen: Würden Sie sich als konservativ beschreiben?

Thomas Buckard: „Konservativ" klingt nach einer Schablone. Das wäre zu einfach. Sagen wir mal so: Heute leben wir in einer Zeit, in der es viel um Geschwindigkeit geht. Mails müssen sofort beantwortet werden. Nachrichten in den Medien werden sofort kommentiert. Ereignisse werden schnell zu Trends verklärt und geraten ebenso schnell wieder in Vergessenheit. Modetrends sind morgen schon von gestern. Das gilt übrigens auch im Finanzbereich. Diese unnötige Aufgeregtheit ist nicht mein Ding. Wenn es also konservativ ist, sich Zeit zu nehmen, anstatt sofort zu reagieren, dann lasse ich mich gerne als konservativ bezeichnen.

Hagen: Sie sagen, dass es auch im Finanzbereich viele Moden gibt. Setzen Sie keine modernen Finanzinstrumente ein?

Thomas Buckard: Wir nutzen die Möglichkeiten, wo sie sinnvoll sind. Das heißt, dass wir Optionen und auch Zertifikate nutzen – eine vergleichsweise junge Finanzproduktgattung. Aber gerade bei Zertifikaten muss man sehr differenzieren. Die Produkte, die wir für unsere Kunden nutzen, lassen wir uns maßschneidern. Es sind sehr einfache, überschaubare Produkte. Das können beispielsweise Express- oder Discountzertifikate sein. Letztere funktionieren ähnlich wie die Covered-Call-Optionsstrategien, die wir einsetzen: Wir verkaufen Call-Optionen auf Aktienbestände und kassieren dafür Prämien. Das begrenzt zwar die Gewinnmöglichkeit, sorgt aber für laufende Einnahmen. Als Teil einer Gesamtstrategie, bei der es um die richtige Balance zwischen Werterhalt, Kurssteigerungen und regelmäßigen Einkünften geht, können Zertifikate- und Optionsstrategien hier einen wertvollen Beitrag leisten. Um damit auf Ihre Frage zurückzukommen: Finanzinstrumente können sinnvoll sein. Sie müssen aber einfach, transparent und vor allem sinnvoll im Gesamtkontext sein. So etwas wie Knockout- oder Bonuszertifikate werden Sie in unseren Portfolios kaum finden. In Zeiten sogenannter Flash Crashs können diese die Anleger teuer zu stehen kommen. Modern oder nicht spielt übrigens keine Rolle. Das bedeutet auch:

Ob etwas gerade der letzte Schrei ist, ist uns ziemlich egal. Es muss vor allem passen.

Frank: Was machen Sie, wenn Kunden bestimmte Produkte haben wollen und Sie auffordern, sie in deren Portfolio aufzunehmen?

Thomas Buckard: Da wir mit unseren Kunden im Gespräch sind, kommt es vor, dass der eine oder andere einen Wunsch äußert, weil er irgendwas in den Medien gelesen hat, was ihm spannend erscheint. Das bezieht sich aber meistens auf eine Branche oder eine Aktie und nicht auf einen bestimmten Finanzprodukttyp.

Hagen: Und wie gehen Sie damit um?

Thomas Buckard: Die kurze Antwort lautet: Natürlich haben unsere Kunden Einfluss auf die Anlagestrategie. Man muss die Leute aber auch manchmal vor sich selber schützen. Das gehört zu unserem Job.

Frank: ... und die ausführliche Antwort?

Thomas Buckard: Da sind wir wieder beim Thema Modetrends. Die sind uns, wie gesagt, egal. Unser Auftrag ist es ja in der Regel, das Vermögen unserer Kunden auch dann im Trockenen zu halten, wenn es an der Börse stürmt. Für uns zählt die Struktur eines Wertpapiervermögens mehr als die Einzelwerte. Das bedeutet im Klartext, dass jede Aktie und jede Anleihe eine bestimmte Aufgabe im Portfolio hat. Ähnlich wie bei einer Fußballmannschaft. Da haben Sie auch Angreifer, Mittelfeldspieler und Verteidiger. Als Trainer haben Sie dafür zu sorgen, dass Sie eine sinnvolle Aufstellung hinbekommen. Wenn jetzt der Clubeigentümer fordern würde, nur noch Stürmer aufzustellen, dann hätten Sie als Trainer ein Problem. Dann müssten Sie den Eigentümer davon überzeugen, dass eine Aufgabenverteilung mit Spezialisten auf ihrer jeweiligen Einsatzposition sinnvoller wäre. Solche Überzeugungsarbeit leisten auch wir zum Teil, nur ohne Fußball und grünen Rasen.

Hagen: Verpassen Sie dann nicht auch mal Trends, die mehr als nur ein Strohfeuer sind?

Thomas Buckard: Wirkliche Geheimnisse an der Börse gibt es ja nicht. Wenn viele Anleger ein und derselben neuen Mode hinterherlaufen, dann ist eine Kursübertreibung in diesem Bereich keine Ausnahme, sondern eher die Regel. Die Frage ist nur, wie lange es dauert, bis der Trend infrage gestellt wird. Manchmal dauert es ziemlich lange. Dann muss man sich natürlich fragen lassen, warum man an der Party nicht teilgenommen hat. Aber das sehe ich gelassen: Wir können ja nicht in die Zukunft schauen. Mir ist lieber, wir verpassen mal einen Lauf. Dafür sind wir auch außen vor, wenn es richtig kracht. Der Dank unserer Kunden ist uns dann sicher. Das lehrt uns die Erfahrung.

Frank: Das klingt sehr souverän. Haben Sie noch nie mit einer Einschätzung danebengelegen?

Thomas Buckard: Wer über einen längeren Zeitraum an der Börse aktiv ist, erlebt natürlich auch Rückschläge. Daraus kann man viel lernen. Das ging mir nicht anders.

Frank: Erzählen Sie uns davon.

Thomas Buckard: Ein sehr lehrreiches Kapitel in meiner Börsenkarriere war die Asienkrise. Während meiner Ausbildung bei der Deutschen Bank habe ich in den Achtzigerjahren nebenbei an der Börse spekuliert. Es ging lange Zeit nur bergauf. Ich wurde übermütig, spekulierte auf Kredit. Mein Wertpapiervermögen bewegte sich im sechsstelligen Bereich – für einen Mittzwanziger schon eine Menge Geld. Im Oktober 1987 brachen die Kurse dann plötzlich ein. Ich reagierte zu spät und falsch. Am Ende musste ich alle Wertpapiere verkaufen und blieb auf einem Schuldenberg von 10.000 Mark sitzen. Ich erinnere mich, wie ich im Februar 1988 in der Küche meiner Eltern gesessen und ihnen mein Leid geklagt habe.

Frank: Sie haben danach aber offensichtlich nicht die Finger von der Börse gelassen.

Thomas Buckard: Nein. Meine Lehre aus dieser Zeit war nicht, dass man sich an der Börse die Finger verbrennt, sondern erstens, dass die Kurse nach einem Crash wieder steigen – und zwar immer. Und zweitens: Man sollte nicht darauf vertrauen, dass man klüger ist als der Markt, sondern sich besser absichern. Ich habe nach dem Crash wieder in Aktien investiert. Eine der Aktien hat sich innerhalb kurzer Zeit im Wert verdreifacht.

Hagen: Da haben Sie aber Glück gehabt.

Thomas Buckard: Kann sein. Aber darauf sollte man niemals vertrauen. Struktur, Stringenz, Konsequenz. Darauf kommt es an. Damit kann man arbeiten und Vermögen stetig mehren. Mit Glück kommen ein paar Renditepunkte obendrauf. Dass die Börse zwischendurch schwächelt und damit auch der Wert des eigenen Wertpapierportfolios auch mal schrumpft, gehört dazu.

Frank: So erklären Sie das auch Ihren Kunden?

Thomas Buckard: Ja. Und sie verstehen und akzeptieren das auch. Jedenfalls so lange, wie es nicht wirklich passiert. Dann wird der eine oder andere doch auch mal nervös. Ich hatte auch schon Kunden, die haben nach dem Börsencrash 2001 alles verkauft und sind danach auch nicht mehr an den Aktienmarkt zurückgekehrt.

Hagen: Im Nachhinein betrachtet: schlechtes Timing, oder?

Thomas Buckard: Wenn Sie zu einem Zeitpunkt verkaufen, wenn Kurse und Stimmung im Keller sind, dann können Sie eigentlich sicher davon ausgehen, dass das das schlechteste Timing ist, das Sie wählen können. Aber auch das haben wir 2001 gelernt: Man muss Überzeugungsarbeit leisten und offensiv die Kommunikation suchen. Wir haben in der Lehman-Krise zum ersten Mal einen Infoabend veranstaltet und über die Märkte und mögliche Strategien informiert. Das war ein Riesenerfolg. Aus dem einen Abend wurden drei. Also haben wir diese ausgebaut und eine Reihe daraus gemacht. Jetzt veranstalten wir jedes Jahr solch ein Treffen und nennen es Themenabend. Das hat mittlerweile so etwas von „Der Warren Buffett von Wuppertal lädt ein". Und das Feedback ist auch für uns hilfreich. Wir treffen Metzger, Professoren, Unternehmer,

Erben, Ängstliche und Risikobereite. Die Diskussionen mit allen machen Spaß.

Frank: Sie diskutieren mit den Anlegern?

Thomas Buckard: Natürlich. Wir sind zwar Profis und kennen die Instrumente und Strategien, mit denen man sich gegen Gefahren absichert. Aber das heißt ja nicht, dass wir allwissend sind und emotionslos über den Märkten schweben.

Hagen: Wenn wir schon von Gefühlen reden: Haben Sie eine Lieblingsaktie?

Thomas Buckard: So weit geht die Liebe zu Aktien nun auch wieder nicht. Mich können Produkt, Marketing, Markenwert, Management und Kennzahlen überzeugen. Was mich abschreckt, ist eine überzogene Schätzung der Zukunft eines Unternehmens. Und da kann ich Ihnen für beides Beispiele nennen: Als klassischer Value-Investor überzeugt mich Warren Buffett mit seiner Anlagephilosophie. Dass sie funktioniert, lässt sich an der langfristigen Entwicklung der Berkshire-Hathaway-Aktie ablesen. Die ist einfach überragend. Was mich dagegen eher abschreckt, ist beispielsweise Tesla. Ein Unternehmen, das seit Jahren Geld vernichtet. Die Jahresbilanzen sind blanker Horror. Ein Börsenwert mit einem Kurs-Gewinn-Verhältnis von über 130 lässt sich aus meiner Sicht selbst mit den rosigen Zukunftsversprechen, die Tesla-Chef Elon Musk gibt, nicht rechtfertigen. Da bleibe ich lieber außen vor. Sie haben mich eingangs ja gefragt, ob ich altmodisch sei. In diesem Sinne, dass ich keine unnötigen Risiken eingehe, nur weil etwas gerade modern ist, lautet die Antwort vielleicht doch: Ja.

Frank & Hagen: Herr Buckard, Danke für die Zeit, die Sie sich für uns genommen haben.

Steckbrief

MPF AG

Geschäftsführung: Vorstand: Michael Pintarelli (Vorsitzender), Thomas Buckard (Foto), Ralf Gräser, Michael Hinz, Malte Jungmann, Markus Misiak
Gründungsjahr: 1999
Anzahl der Verwalter: 9, insgesamt 17 Mitarbeiter
Verwaltetes Vermögen: circa 1,7 Milliarden Euro
Höhe des erforderlichen Anlagevolumens: 150.000 Euro
Kunden-Zielgruppe: vermögende Privatkunden, Stiftungen, Unternehmen
Dienstleistungsangebot: Wertpapiervermögensverwaltung, zertifizierte Stiftungsberatung
Spezielle Kompetenzen: eigenes Benchmark-basiertes Reportingsystem, eigene Investmentfonds exklusiv für Mandanten der MPF AG, risikomindernde Zertifikate und Derivate
Adresse: Ohligsmühle 3, 42103 Wuppertal
Telefon: 0202/389050
E-Mail: info@mpf-ag.de
Internet: www.mpf-ag.de

HEIMREISE

Ein Dankeschön an unsere Interviewpartner

Nach Wochen der Recherche und nachdem wir die Bundesrepublik, die Schweiz und Liechtenstein bereist haben, um ein Gefühl dafür zu bekommen, was es tatsächlich heißt, andere damit zu beauftragen, „Geld für sich arbeiten zu lassen", ziehen wir für uns Bilanz. Wir haben viel gelernt. Vor allem auch über die Menschen hinter den Kulissen. Denn so unterschiedlich, wie die Strategien, die man einsetzen kann, um Vermögen zu erhalten und zu mehren, sind, so unterschiedlich sind auch die Menschen, die wir auf unserer Reise kennen gelernt haben.

Arne Sand und Max Schott, Fans sogenannter Dividenden-Aristokraten, also Unternehmen, die ihre Dividendenausschüttung über mindestens 25 Jahre immer gesteigert haben, haben uns nicht nur mit ihrem Investitionsansatz beeindruckt, sondern auch durch ihre Verschiedenheit – zwei Geschäftspartner, die sich im besten Sinne ergänzen. Dass beide mit Überzeugung von sich sagen, dass sie jeden Tag mit Spaß an ihrem Job zur Arbeit gehen, ist für uns ein Indiz dafür, dass es in den Stuttgarter Geschäftsräumen tatsächlich niemals langweilig wird.

Claus Walter wiederum ist für uns ein positives Beispiel dafür, wie man Bodenständigkeit mit Weltoffenheit verbinden kann. Wir haben zwischen Schwarzwald und Rheinebene nicht nur viel über Volkwirtschaft und Investitionsstrategie gelernt, sondern auch erfahren, wie man Nachhaltigkeit im eigenen Garten und in der Heimatgemeinde lebt.

In Frankfurt hat uns Ottmar Wolf eindrücklich erklärt, dass das Anwenden von Optionsstrategien nicht unbedingt immer gleichzusetzen ist mit Zocken. Dass sogar das Gegenteil der Fall sein kann. Er zögerte allerdings auch nicht, uns die Gefahren dieser Strategie zu erklären. Ein offenes Gespräch. Wir lieben so etwas.

Uwe Wiesner hat uns in Berlin gedanklich auf eine Reise einmal um den Globus mitgenommen und angedeutet, wie sich die Weltwirtschaft verändert – vor allem mit Blick auf Asien. Der Gedanke, dass wir im Alter vielleicht einmal japanische Cyborgs im Haushalt für uns arbeiten lassen, die uns beim Abwaschen helfen, uns beim Treppensteigen unterstützen und vielleicht sogar bekochen, schien uns plötzlich gar nicht mehr so fremd.

Mit Wolfgang Köbler waren wir in Nürnberg dagegen wieder komplett „down to earth“, wie man so schön sagt. Bodenständigkeit und Kaufmannsehre pur, gemischt mit dem akribischen Bestreben, bei reduziertem Risiko immer noch einen Renditepunkt mehr herauszuholen. Wir haben gelernt, dass man mit Factor Investing höhere Renditen bei geringeren Schwankungen erzielen kann. Wir haben aber auch erfahren, dass ein Jahrhundert-Depot funktioniert. Die Idee, in Unternehmen zu investieren, die schon mehr als 100 Jahre bestehen und somit Weltkriege sowie Wirtschaftskrisen überstanden haben, ist ja wirklich nicht so dumm.

In Düsseldorf-Oberkassel haben wir eine Hamburgerin kennen gelernt, die auch sonst eine Ausnahmeerscheinung in der Branche ist. Kathrin Eichler ist eine der ganz wenigen Frauen in dem Business. Sie hat uns mit viel Geduld und Humor über die größten gedanklichen Fehler aufgeklärt, die man als Anleger so machen kann. Das hat uns in mancher Hinsicht die Augen geöffnet.

In Genf haben wir Helge Müller getroffen, einen Kölsche Jung, der in der Schweiz nichts vermisst, außer den Kölner Karneval.

Und dass er weniger Zeit zum Schachspielen hat. Müller hat uns die Finessen des Anleihehandels nähergebracht. Danke dafür. Wir fanden Zinspapiere bis zu diesem Buchprojekt ziemlich langweilig.

Mit Marc Cujai in Liechtenstein haben wir hinter die Kulissen des Profifußballs schauen dürfen. Wir haben ein Gefühl dafür bekommen, was es heißt, die Finanzen von Menschen zu ordnen, die innerhalb weniger Jahre sehr viel Geld verdienen – und danach oft über Jahrzehnte hinweg fast gar nichts mehr. Das ist, wie uns in dem Gespräch bewusst wurde, auch für die Spieler eine große Herausforderung. Viele der Spieler sind sich dessen in der Regel nicht bewusst. Jedenfalls nicht, solange sie als Sportler noch aktiv sind. Nicht nur Ruhm ist vergänglich, sondern auch ein prall gefülltes Bankkonto. Wir haben allerding in Liechtenstein nicht nur über den Profisport etwas gelernt, sondern auch über die Perspektiven des chinesischen Aktienmarkts. Das war für uns eine Überraschung.

Michael Reuss und Friedrich Huber haben uns einen Eindruck davon gegeben, was es für Vermögensverwalter alter Schule bedeutet, die Herausforderungen des technischen Wandels in der Branche anzunehmen und neue Wege zu entwickeln. Holzgetäfelte Bibliothek und FinTech müssen sich nicht ausschließen. Das nehmen wir aus München mit.

In Wuppertal sind wir Thomas Buckard begegnet. Der Vermögensverwalter ist zugleich Vorstand beim Verband unabhängiger Vermögensverwalter (VuV). Was uns besonders gefallen hat: seine Erdverbundenheit trotz hoher Ziele. Er freut sich, wenn die Märkte hoch hinauswollen und seine Kunden mit dabei sind. Aber er leidet mit ihnen, wenn es mal nicht so läuft. Deshalb lässt er äußerste Sorgfalt walten, damit das möglichst nicht passiert. Freunde sagen über den passionierten Bergsteiger, er sei ein Bayer, der im falschen Bundesland geboren sei. Buckard ist Bayern-Fan. Wir verzeihen ihm das.

Unser Fazit

Die Reise durch Deutschland, die Schweiz und Liechtenstein hat sich gelohnt. Wir haben spannende Vermögensverwalterkonzepte und interessante Menschen kennengelernt. Dafür möchten wir uns bei allen Beteiligten bedanken.

UNSERE BUCHEMPFEHLUNGEN

Wir möchten Ihnen nicht vorenthalten, wodurch wir uns bei unserer Arbeit inspirieren lassen. Und wir möchten Sie daran teilhaben lassen. Vielleicht ist ja das eine oder andere Buch dabei, das auch Ihnen Denkanstöße gibt.

Robert T. Kiyosaki: *Rich Dad Poor Dad – Was die Reichen ihren Kindern über Geld beibringen*

Warum bleiben die Reichen reich und die Armen arm? Weil die Reichen ihren Kindern beibringen, wie sie mit Geld umgehen müssen, und die anderen nicht! Die meisten Angestellten verbringen im Laufe ihrer Ausbildung lieber Jahr um Jahr in Schule und Universität, wo sie nichts über Geld lernen, statt selbst erfolgreich zu werden.

320 Seiten,
FinanzBuch Verlag,
ISBN 978-3-95972-010-6

John Strelecky: *Das Café am Rande der Welt – Eine Erzählung über den Sinn des Lebens*
Ein kleines Café mitten im Nirgendwo wird zum Wendepunkt im Leben von John, einem Werbemanager, der stets in Eile ist. Eigentlich will er nur kurz Rast machen, doch dann entdeckt er auf der Speisekarte neben dem Menü des Tages drei Fragen: „Warum bist du hier? Hast du Angst vor dem Tod? Führst du ein erfülltes Leben?" Wie seltsam – doch einmal neugierig geworden, will John mithilfe des Kochs, der Bedienung und eines Gastes dieses Geheimnis ergründen.

128 Seiten, dtv, ISBN 978-3-423-20969-4

Jack Canfield: *The Power of Focus – So erreichen Sie Ihre persönlichen, finanziellen und beruflichen Ziele*
Was ist der häufigste Grund, warum viele Menschen ihre Ziele nicht erreichen? Es sind nicht die äußeren Rahmenbedingungen und Hindernisse – die lassen sich überwinden –, sondern vielmehr der persönliche Mangel, sich auf das Wesentliche zu konzentrieren und seine Ziele beharrlich zu verfolgen. Die Fähigkeit, sich auf das wirklich Entscheidende zu fokussieren, hilft in fast allen Lebenslagen. Dieses Buch ist seit zehn Jahren ein Weltbestseller und Klassiker.

280 Seiten,
Redline,
ISBN 978-3-86881-515-3

Greg Steinmetz: *Der reichste Mann der Weltgeschichte – Leben und Werk des Jakob Fugger*

Jakob Fugger ist der reichste Mann, der (nicht nur in Mythen) jemals gelebt hat. 1459 als Enkel eines Bauern geboren, häufte er ein unvorstellbares Vermögen an, das selbst den legendären J. D. Rockefeller oder heutige Superreiche wie Bill Gates in den Schatten stellt.

312 Seiten,
FinanzBuchVerlag,
ISBN 978-3-89879-961-4

Frank Bettger: *Lebe begeistert und gewinne*
Schritt für Schritt entwickelte Frank Bettger die beste Verkaufsmethode, die es bis heute gibt. Seine Erkenntnisse sind in einfacher Weise auf das Leben vieler Menschen übertragbar und können zu einer Quelle des eigenen Lebenserfolges werden. Sein reiches Wissen, seine immense Erfahrung und seine Begeisterung gab er – zusammen mit seinem Freund Dale Carnegie – in Seminaren an zahllose Berufskollegen weiter. Bis heute ist *Lebe begeistert und gewinne* eines der weltweit meistverkauften Bücher zum Thema Verkaufen.

258 Seiten, Oesch Verlag, ISBN 978-3-03500-012-2

Napoleon Hill: *Denke nach und werde reich – Die Erfolgsgesetze*
Reichtum ist kein Zufall! Über 20 Jahre lang hat Napoleon Hill untersucht, welche Gemeinsamkeiten erfolgreiche Menschen verbinden. In Gesprächen mit 500 Millionären arbeitete er die Methoden heraus, die zum Erfolg führen, und beschrieb sie in seinem Bestseller *Denke nach und werde reich.* In diesem Buch finden Sie die wichtigsten dieser Erfolgsgesetze prägnant zusammengefasst – eine hilfreiche Anleitung, das eigene Leben in materiellem Wohlstand und mit Erfolg in Beruf und Privatleben zu führen.

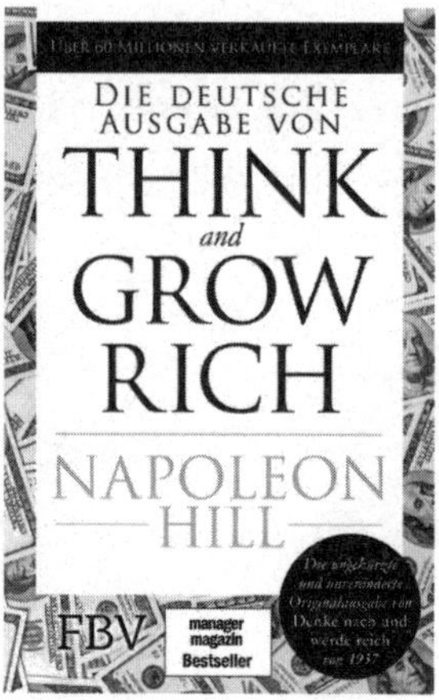

320 Seiten,
FinanzBuch Verlag,
ISBN 978-3-95972-084-7

Gregory Stock: *Das Buch der Fragen*
Dieses Lese- und Notizbuch der ganz besonderen Art enthält Fragen, die man sich normalerweise nicht stellt. Gewissensfragen über Liebe, Sex und Moral – der renommierte Bioethiker und Physiker Gregory Stock hat sie zu einem 200-seitigen Buch zusammengetragen, das man nicht mehr aus der Hand legen möchte, bevor nicht die letzte Frage geklärt ist. Ob Sie sie allein, mit dem Partner, der Familie oder auf einer Party beantworten, das Buch der Fragen nimmt Sie mit auf eine spannende Reise ins eigene Ich.

200 Seiten, arsEdition, ISBN 978-3-7607-8739-8

Gerald Hörhan: *Investment Punk –*
Warum ihr schuftet und wir reich werden
Ein Investmentbanker schlägt zurück: Die Mittelschicht ist selbst schuld an ihrer finanziellen Lage, sie handelt dumm. Wir sind Konsumidioten und liefern uns so dem Finanzsystem aus. Kleinanleger lassen sich abzocken. Wahrer Leistungswille fehlt. Wir wollen frei sein, sind aber durch Schulden gefesselt. Kurzweilig, provokant und schonungslos – hier erfahren Sie, wie Sie endlich zu den Gewinnern gehören!

192 Seiten, Edition a, ISBN 978-3-990010-08-2

Frank Donner

Frank Donner ist ein Urgestein der europäischen Immobilienbranche. Seit 1988 sind Immobilen seine Leidenschaft.

Frank Donner ist Immobilienexperte durch und durch. Seine Karriere startet der gebürtige Franke im Vertrieb einer großen deutschen Versicherungsgesellschaft. Er schafft es schnell, durch Erfolge zu überzeugen. Er könnte im Unternehmen aufsteigen. Doch einer unter Vielen zu sein, ist ihm zu wenig. Deshalb gründet er seine eigene Vertriebsgesellschaft, die innerhalb kurzer Zeit auf 400 Mitarbeiter anwächst. Der Fokus verändert sich dabei: Versicherungen spielen bald nur noch eine untergeordnete Rolle. Donner hat Immobilien als seine Leidenschaft entdeckt. Schon als 19-Jähriger hatte er in Immobilien investiert und erste Erfahrungen gesammelt. Jetzt professionalisiert er sein Wissen und sein Vorgehen – mit einem starken Vertrieb im Rücken, den er selbst aufgebaut hat.
Frank Donner versteht das Gesetz der großen Zahlen. Mittelmaß ist ihm zu klein. Seine Investments sollen immer besser, schneller, wirtschaftlicher und vor allen Dingen nachhaltiger werden. Er denkt in großen Dimensionen und immer über den Horizont hinaus – und schließlich konsequenterweise auch über den Atlantik. Anfang des neuen Jahrtausends geht Frank Donner für vier Jahre nach Kalifornien. Er coacht und berät dort große Privatbanken. Seine Erfahrungen, die er im Land der unbegrenzten Möglichkeiten sammelt, geben ihm nach seiner Rückkehr neuen Schwung. Er hat auf seiner Rückreise nicht nur den typisch US-amerikanischen Optimismus mit im Gepäck, sondern auch die Visionen, wie er seine hoch gesteckten Ziele auch erreichen kann. Frank Donner leitet nicht einfach nur ein Unternehmen. Er entwickelt Strategien und Konzepte für den Markt von morgen.

Hagen Lehmann

Hagen Lehmann ist studierter Bankkaufmann mit einer einzigartigen Passion für sein Thema: Immobilien.

Hagen Lehmann startet nach seinem Abitur mit einer klassischen Bankausbildung und einem Studium. Damit legt er den Grundstein für eine typische Bankkarriere. Sein Weg scheint vorgezeichnet. Bei der Deutschen Bank stürmt Lehmann mit Hochgeschwindigkeit die Karriereleiter hinauf. Im Alter von 22 Jahren ist er der jüngste Kredit-Kompetenzträger mit Unterschriftsberechtigung der Deutschen Bank Region Ost. Mit 25 bekommt er das Angebot, die Leitung der Geschäftsstelle einer autonomen Filiale der Deutschen Bank zu übernehmen.

Doch es kommt anders. Zwei Veränderungen sind der Grund: Er wird Vater. Und er macht sich selbstständig.

Lehmann hat sich bereits mit 22 Jahren eine Immobilie gekauft und stellt sich früh die Frage, wie der Immobilienmarkt insgesamt funktioniert. Akribisch analysiert und antizipiert er die langfristige Entwicklung von Häusern und Wohnungen. Völlig risikoavers zerlegt er die Zukunft eines Immobilieninvestments in seine Einzelteile und entdeckt die Struktur, mit der sich Geld machen lässt. So wird er auch dort fündig, wo andere nicht einmal ansatzweise eine Möglichkeit zum Geldverdienen sehen. Hagen Lehmann entwickelt intelligente Finanzierungen, mit denen er jedem Immobilienprojekt einen zusätzlichen Renditekick verpasst. Freunde sagen über ihn: „Hagen kann Immobilien verstehen. Er hat Ziegelsteine im Blut.“ Ein Satz, der seine Passion für Immobilien sehr plastisch ausdrückt.

Bildnachweise

Porträt	Copyright
Uwe Wiesner	Hansen & Heinrich AG
Thomas Buckard	Bettina Osswald
Claus Walter	Freiburger Vermögensmanagement GmbH
Sand & Schott	Sand und Schott GmbH
Marc Cujai	MC Vermögensmanagement AG
Huber & Reuss	Huber, Reuss & Kollegen Vermögensverwaltung GmbH
Helge Müller	Genève Invest (Europe) S.A.
Kathrin Eichler	EICHLER & MEHLERT Finanzdienstleistungen GmbH
Wolfgang Köbler	KSW Vermögensverwaltung AG
Ottmar Wolf	FAM Frankfurt Asset Management AG
Donner & Lehmann	Immoscoring GmbH